如何有效阅读

本を読む人だけが手にするもの

[日] 藤原和博 ◎ 著

钟小源 ◎ 译

北京联合出版公司
Beijing United Publishing Co.,Ltd.

阅读,跟每一个你息息相关,但是到底为什么我们要阅读?

目录
content

序章 //////
不阅读，难以在社会中更好地生活

社会中，必须自己寻找属于自己的"幸福论" / 002

"从出于兴趣的阅读"到"为了开拓人生的阅读" / 007

如何构筑"只属于自己"的幸福论 / 011

被"有阅读习惯的人"和"没有阅读习惯的人"一分为二的社会 / 014

第一章 //////
成长最大的捷径,就是有效阅读一流的内容

唯有阅读,才能成为"十中挑一"的人才　/ 022

有效阅读量,决定了薪酬高低　/ 026

人生有效时长"17年"中应当接触的四个领域　/ 030

通过和作者大脑的碎片链接,我们的大脑将得到扩张　/ 035

通过阅读所习得的人生中极为重要的两种能力　/ 038

通过阅读所获得的在社会中"幸福生活"的能力　/ 044

有效阅读,实现人生跃迁　/ 049

第二章 //////
第一个七天阅读训练

阅读训练一:如何阅读,获得想象力　/ 054

阅读训练二:如何阅读,修炼"吸引力法则"　/ 060

阅读训练三:如何阅读,将自己的大脑与作者的大脑连接起来　/ 065

阅读训练四:如何阅读,让大脑感受器活性化　/ 070

阅读训练五:如何阅读,以获得更多"mikata"(想法或伙伴)　/ 074

阅读训练六:如何阅读,预测未来趋势　/ 076

阅读训练七:如何阅读纯文学书籍　/ 085

第三章
第二个七天阅读训练

阅读训练八：如何阅读经典名著 / 092

阅读训练九：创造开始阅读的契机 / 094

阅读训练十：生命赐予我与书面对面的时间 / 098

阅读训练十一：如何阅读，创造出自己的意见 / 102

阅读训练十二：如何阅读，轻松进入别人的话题 / 104

阅读训练十三：如何阅读，建立未来规划 / 107

阅读训练十四：量变带来质变，突破 300 本书籍 / 112

第四章
第三个七天阅读训练

阅读训练十五：如何阅读，实现"信息处理能力"和"信息综合能力"的转换 / 116

阅读训练十六：如何阅读，提高沟通能力 / 120

阅读训练十七：如何阅读，提高逻辑思维能力 / 121

阅读训练十八：如何阅读，提高模拟演练能力 / 123

阅读训练十九：如何阅读，提高角色扮演能力 / 125

阅读训练二十：如何阅读，提高演讲能力 / 128

阅读训练二十一：如何阅读，提高复眼思考能力 / 131

第五章

有些能力,只有有效阅读才能获得

从今往后的时代中不可或缺的"信息综合能力" / 136
因为具备了"信息综合能力",我拿下了大项目 / 140
阅读是一种工具:独处的最好方式便是阅读 / 144
培养信息综合能力,孩童时代的阅读"游戏"是关键 / 148
阅读是一种工具:读书给孩子听,可以加深亲子间的羁绊 / 152
成年人要如何磨炼信息综合能力 / 154
阅读是一种工具:迅速和你想认识的人熟络 / 159

第六章

让讨厌阅读的人也能养成阅读习惯的方法

首先,要认识到阅读的方式是各种各样的 / 164
我到底是怎样选择书的 / 166
畅销书能畅销自有它的理由 / 169
有百分百遇到好书的方法吗 / 172
只有先看到了书本的外观,才会想读这本书 / 176
在阅读成为习惯之前,强制方法也是必要的 / 181
单单看书是远远不够的 185

后 记 / 191

序章

不阅读，难以在社会中更好地生活

> 我这辈子遇到的聪明人（来自各行各业）没有每天不阅读的——没有，一个也没有。
>
> ——查理·芒格

社会中，必须自己寻找属于自己的"幸福论"

有关"成熟社会"的事情，至今为止我在演讲和书籍中已经多次提及了。

多年来，我一直重复介绍同一个东西的原因很明显，日本早已步入了成熟社会，但认识到这一现实的人却少之甚少。

我认为，如果我们不能理解何谓"成熟社会"的话，是没办法理解读书的意义的。因此，我想在本书开头再说一遍。

日本的20世纪型的成长社会，以1997年为界正式迎来了终焉。

众所周知，"二战"后满身疮痍的日本取得了长足的进步。日本经济经过起始于20世纪50年代中期的高度成长期，终于在20世纪80年代后半段的泡沫繁荣期迎来了经济发展的最高峰。

随后，泡沫繁荣在20世纪90年代初期破碎。推动了泡沫经济的股价、地价、房价等资产价值下落，日本进入了"失去的十年"。受到了其余波影响的金融公司因承受不住不良债权的负担渐渐走向破产。

1997年，进入泡沫经济的象征——股票买卖的证券公司破产了。山一证券和三洋证券的破产就是典型的例子。另一个象征——凭借不动产提供资金的银行也开始破产，即北海道拓殖银行的破产事件，第二年，日本长期信用银行和日本债券信用银行也相继倒闭。

实际上，看了数据我们会发现，在泡沫经济刚崩坏的一段时间内，GDP还是在持续上涨的，1997年到达最高点后开始下降。很明显20世纪型的成长社会在此迎来了尾声，之后社会转变为与以往截然不同的21世纪型的成熟社会。

为了跟上变化的步伐，社会性质也在发生变化。

用一句话概括就是：时代由20世纪型的成长社会所象征的"千篇一律"的时代变成了21世纪型的成熟社会所象征的"各不相同"的时代。

想一想电话的变迁应该比较好理解。

过去,一家一台电话是常态。虽然随着电话自身的发展家里以主电话为中心多了几台子电话,但电话线一家还是只有一条,电话依旧是"千篇一律"的固定电话。

可是,随着泡沫经济的崩坏,电话也产生了巨大的变化。

1993年-1998年,原本14%的移动电话普及率急剧上升到了25%(根据总务省调查)。随后移动手机普及率的急速上升,大家也有目共睹。从"千篇一律"的固定电话变成了"各不相同"的移动电话,这如实地表现出了时代的变化。

结婚典礼的赠品变化也是如此。

以前,在结婚典礼上赠予出席者的赠品一般是根据预算来选取。这些赠品都是"一样"的。

当人们把赠品带回家后,这些"一样"的赠品会面临怎样的命运呢?大多数的家庭会把这些赠品收进碗柜或是壁橱里。因为舍不得扔掉,不少人选择在孩子幼儿园或是小学的义卖会上把这些东西卖掉。

　　ringbell公司觉得这很"可笑"。

　　他们散发了根据预算以统一价格（比如，3000日元、5000日元、10000日元……现在还有150000日元的！）选取的数百种商品的目录，于是每个人开始根据个人喜好选取"各不相同"的商品。

　　ringbell公司是1987年创立的，截至2000年的销售额已经达到了100亿日元。2004年达到了200亿日元，2008年则达到了400亿日元，每四年销售额就翻一番。ringbell公司的急速成长，能否说是在如实地讲述着社会向"各不相同"的成熟社会的转型呢？

　　在20世纪型的成长社会，日本人的幸福论是模式化的，那就是日本人都认为正确的"千篇一律"的幸福论。

　　乖乖听爸爸妈妈和老师的话，只要当一个能够"尽快地""好好地"得出正确答案的"好孩子"，就可以进"好高中"或者是"好大学"。

　　只要能进"好大学"，我们就可以进入诸如上市公司或是有名企业之类的所谓"好公司",或是当上公务员,有个铁饭碗。只要我们能想办法进入那些地方,少说也能当个组长,有相当可观的年收入。

只要不发生什么太大的问题,我们就能一路工作到退休。这样一来,就可以拿到一次性付清的退休金。有了安定且水涨船高的收入,弄一个需要还款 30 年～35 年这样超长时间的贷款,在需要 1~2 小时通勤时间的郊外买一栋房子或者一套高级公寓。哪怕退休后贷款还没还清,退休金也可以用来还月供,所以没什么好担心的。

退休后,我们每天都期待自己的儿女带着孙子孙女来家里玩,但不久后谁都不来了。因为儿女忙于工作,孙子孙女忙着学习和社团活动,有时候还会因为进入叛逆期而故意不和家人一起玩。

这样一来,为了排解寂寞我们可能会开始养宠物,应该会养成早晚带着宠物去散步的习惯吧。之后,(这个例子有点不吉利,非常不好意思)当爷爷的差不多在退休后 10 年就会享尽天年,寿终正寝。

这是 20 世纪型成长社会的典型日本人的幸福论。这就是一个大家一起追求的"共同幻想"的时代。

在 20 世纪型日本的成长社会中，只要跟着周围的人一起追求普遍的幸福模式，70% 的人不需要太注重自己的人生规划都可以变得幸福。而 20 世纪 80 年代便是最幸福的时期。

因为人生是国家和企业自动创造出来的。只要被卷入了名为公司的"旋涡"中，公司就会赐予我们幸福。

但是，进入到成熟社会之后，只是没头没脑地努力，是没办法抓住"共同"的幸福的。

"从出于兴趣的阅读"到"为了开拓人生的阅读"

在成熟社会中，每个"各不相同"的人必须自行以社会动向和自己的人生为鉴，确立属于自己的幸福论。

"没这回事,不管是哪个时代的人都思考过自己的幸福论。"

感觉会有人这样来反驳我。

但我不这么想。在 20 世纪型的成长社会中讴歌人生的人们,大多认为没有认真思考幸福论的必要。

对他们来说,哪怕退休的时候贷款还没还清,也可以用退休金把剩下的贷款一笔还清。也就是说,他们的幸福论是通过工作到退休让贷款"一笔勾销"。因为他们对此深信不疑,所以只要到退休为止一直在公司工作就行了。

另一方面,以他们给人的印象,退休后的他们可能会从事农活,可能会致力于手打荞麦,或是在郊外开一家简易旅馆开启"第二人生"。

但是,现在大家都知道日本政府和企业已经没有能力保障这种幸福论了。我们已经进入了每个人都必须要对自己的幸福论进行整理,得出属于自己的原创的幸福论的时代。

我最早是在 1997 年出版的《处世之道》中把这件事告

不阅读，难以在社会中更好地生活 | 序章

诉给了大家。在书中，我强烈主张每个人必须要成为自己人生的主人公。

但是，哪怕是20年后的今天，能够理解其中本质的人却依旧少之又少。换句话说，认为只有自己能够幸免于难的人是多么的多啊。

为了构筑属于自己的幸福论，我们需要具备相应的修养。

但是，这种修养学校不会教给我们。

为了抓住只属于自己幸福所必需的修养，必须靠自己。为此你会发现，读书是必不可少的。

20世纪型日本的成长社会中，说得极端一点，是不一定需要靠读书来抓住自己的幸福的。我接下来说的话可能有点伤人，请大家见谅。

过去，如果读了城山三郎先生的经济小说，理解了公司的权力构造就好了。如果读了一点德鲁克的《管理：任务、责任、实践》，装作了解经营学就好了。为了装出一副知性的样子，我们会读吉本隆明先生的著作，但只要能装模

作样地鼓吹自己的感想就好了。

如果是前一段时间的话，就要属1983年出版的浅田彰先生的《结构与力量》（劲草书房）最有名了。坦白说，我也曾把它买来阅读，但是内容太复杂了，我根本没法儿理解。像这样的书都能卖几十万本，无非就是因为大家觉得把这本书夹在腋下可以彰显出自己的知性。也就是说，我觉得一部分人是出于兴趣和虚荣心才读的书，为了构筑自己的幸福论而读书的人应该很少。

这是一个如果不能拥有"只属于自己"的幸福论，就无法获得幸福的时代。

"幸福分为哪些种类？有几个阶段？"

"怎样做才能获得幸福？"

"用钱买得来幸福吗？"

"到底要有多少钱才能获得幸福？"

"如果不能用钱买幸福，还有什么手段能让我们获得幸福？"

"要获得怎样的地位才能变得幸福起来？"又或者说，

"幸福与地位和名誉是没有关系的吗？"

对于这些有关幸福的质问，我很难想象学校的老师能给我们足够的启发。那么父母会告诉我们吗？

父母教给我们的是他们的生活方式和做法。但 70% 的父母都是从什么都不做就能变得幸福的时代中走过来的。

哪怕按照父母和老师说的来做，也不能保证今后一帆风顺。对于父母和老师来说，成熟社会是一个充满未知的世界。这样的话，就只能靠自己开拓道路了吧。

正因如此，作为获得人生食粮的手段之一，读书是必要的，提高自身修养也是必要的。

如何构筑"只属于自己"的幸福论

构筑自己的幸福论的重要之处在于如何把握社会，从而把握自己的人生。

所谓"把握人生的方式",换句话说就是为了实现幸福的人生,我们应该以什么为中心并朝着哪个方向前进。

自己给幸福下定义,从现在自身所处的地方、前进的方向,到想要实现怎样的成就,这一切都必须由自己来决定。

没有人会帮助我们。这是非常恐怖的事情。

成熟社会意味着每个人都是彼此分散的个体,因此地区社会的影响力也会慢慢下降。

日本本来存在地缘社会,但被工业化破坏了。而作为其替代品出现的就是企业社会。但是在成熟社会中,就连企业社会都被美国传来的全球化概念所分割了。

实际上,以欧洲为中心的进入成熟社会的老一辈国家在全国性地发动宗教力量,把分散的个人再度联系在一起。他们不像日本那样由企业来履行此职责,而是借助宗教,用名为教会的"网络"把人与人联系在一起。

比较麻烦的是,日本因为太平洋战争的影响,不能像欧洲国家一样以举国之力发动宗教力量。

由于宗教体系的不完善,年轻人大多飘无定所。那么,究竟是什么代替了宗教将他们牢牢拴住呢？

它就是日本年轻人极为喜爱的手机邮件。邮件文化突然如此盛行，我认为很大一部分原因是它代替了宗教让年轻人产生人与人联系在一起的感觉。

在宗教发挥作用的社会，是由宗教创造故事，告诉我们何谓幸福。但是像日本这样宗教功能不完善的国家，就必须拥有自己的宗教或是其替代品——幸福论。但是，手机邮件只能给予我们暂时的联系，无法成为幸福论的替代品。

对于能舍弃自我皈依佛门的人来说，我觉得这样就够了。但普通人如果不读书，靠自己构筑世界观，是无法构筑起幸福论的。

为了抵抗追求共同幻想的"千篇一律"的习惯，我们需要做好充分的心理准备。

处于时代转折点（现在）的我们可能会产生仿佛正在回到"千篇一律"时代的错觉，我把它称为"时代的逆流"，但现今我们正往成熟社会发展是无法改变的。

到那时，所有人都不得不做出选择吧。决定自己究竟要持着自己的人生观和世界观往哪个方向前进。也就是说，我们不得不决定自己要以什么为中心生活下去。

此时，我认为，在不读书的情况是无法做出决断的。

话虽如此，但并不是说，只要读了书马上就能有自己的世界观。

被"有阅读习惯的人"和"没有阅读习惯的人"一分为二的社会

我认为，今后的社会不再是根据身份和权力划分等级的"阶级社会"，由"有读书习惯的人"和"没有读书习惯的人"一分为二的"阶层社会"即将到来。

一个显著的例子是2014年12月19日，NHK（日本放送协会）在信息节目《现代特写》中播出了有关读书的有趣内容。标题是"越来越多的人的读书量为零会对人们产生何种影响"。虽然说来话长，但其中有很多与本书主题贴切的部分，所以我想简单介绍一下节目内容。

这个节目在开头列出了文化厅发表的有关"读书"的调查结果。

一个月一本书都不读的人占的比例高达47.5%，也就是说，每两个人中就有一个人是不读书的。对此我深有同感。

这个节目采访了东京大学的学生，得到了以下的回答。

"因为比起读书，在网上更容易查资料，基本上很少有读书的时间。"

"实际上智能手机也能搜集到很多信息，所以我大部分的时间都用在看手机上面了。"

这就是现代青年的真实状况吧。

为了调查不读书所产生的影响，节目组还与进行人类信息探索行动研究的筑波大学图书馆信息媒体系的逸村裕教授合作，做了一场试验。

该试验为：在学生写报告的时候，比较读书的人和不读书的人之间的区别。报告的课题如下：

"整理有关'英语早期教育'的讨论，把值得写入的话题（事实或讨论）一条一条写下来，写明你的论文主旨和建议。内容不能超过一张 A4 纸（1500 字以内）。"

在引用参考资料时，教授和节目组允许学生自由使用图书馆的书籍和互联网。

有 6 名学生参加了试验。其中，读书时间为 0 小时的有 4 人，0.5 小时的 1 人，2 小时的 1 人。试验开始之后，所有学生都在网上对"英语早期教育"这个单词进行检索。

大部分学生都以惊人的速度筛选出了必要的信息，对网上的报道进行"复制与粘贴"并稍加修改，便完成了报告。

只有读书时间 2 小时的学生不一样。

他把网络报道上列出的两本参考文献记下来，去了图书馆。拿到了要找的书之后，他又拿了另外两本偶然看见的好像和课题有关的书。

那个学生这样说道:"如果用网络查资料的话就只能查到和关键字关联的信息,相比之下,书里可以找到网络检索不到的东西。"

只利用网络检索的信息写出来的报告的特征是涉题广泛,但是缺少与其对应的逻辑展开内容,这些主题都没能被好好整理。因为光是把能收集到的信息凑在一起,是没办法把它们都梳理贯通的。

而且这些报告里基本上没有他们自己的建议。只有一点点像是建议的东西写在复制粘贴和引用部分的后面。那些东西与其说是建议不如说是感想。

另一方面,只有在图书馆借书的学生的报告是集中于一个主题的。他自己提出假说,查找资料,注意到英语早期教育并不是必要的,长大成人之后也能学会英语。他通过详读书籍资料,进行逻辑性思考,进一步阐述了自己的论点。

"读书"和"属于自己的建议"有着密切关联,对此

如何有效阅读

我自己也深有体会，具体我会在第三章进行详细介绍。我直到某个时期为止都是不读书的。尽管如此，在大学毕业后进入 Recruit 公司上班时，我仍旧想出了有趣的策划案，并有效地将其展示出来，取得了实际的成果。

但我当时一直没能拥有关于社会的建议和人生的假说。三十多岁之后我下定决心开始读书，当读书量超过三百本之后，这些东西才终于出现在我面前。

我再一次意识到一个事实，如果不能通过读书积累知识，是没有办法拥有自己的观点的。

在节目中，记者立花隆先生中途登场，说了这样一句话："如果只用互联网查资料的话，所获得的知识不可避免地浅显，今后如果想要获得更深层次的信息，一定会需要通过看书和其他诸多手段。"

立花隆先生在节目里还说过，他并不是想说智能手机和互联网全都是不好的。因为互联网如果你用得好，也可以获得各种各样书中没有的有用信息。

但我也赞同单凭网上的信息只能进行浅显的思考这一观点。我认为在进行深层次的逻辑性思考方面，书是绝对不可或缺的东西。

第一章

成长最大的捷径,就是有效阅读一流的内容

我最喜欢通过阅读来满足自己的好奇心。虽然我很幸运能在工作中认识许多有趣的人、走访很多迷人的地方,但我仍然认为阅读是探索自己感兴趣事物的最佳途径。

——比尔·盖茨

唯有阅读，才能成为"十中挑一"的人才

我在《藤原和博之百分之百成为能生活下去的那百分之一的人的方法》（东洋经济新报社）这本书里写道："要成为能挣到钱的人，就要以成为百里挑一的人为目标。"

首先，第一阶段是看你"玩不玩柏青哥①"。

有人认为，稍微玩一玩柏青哥的话是没有问题的。但是，步入了社会却仍旧每天都玩着柏青哥的话，被人当作赌博依赖症患者，或者是赌博依赖症患者的预备军也很正常吧。无论在金钱方面，还是在交流方面，柏青哥都会产生不好的影响。

玩柏青哥的人和不玩的人的决定性的差别在于，他们有没有时间管理的概念。玩柏青哥是一种非生产性的行为。

---

① 柏青哥（パチンコ），俗称爬金库，是一种变相赌博的游戏。柏青哥分为两种，一种是弹子，一种是片子，在日本非常流行。柏青哥于1930年始创于日本名古屋，发源自欧洲的撞球机。

对于那些面不改色地在非生产性行为上浪费时间的人，我不认为他们能有管理时间的能力。

因为20世纪是日本成长型的社会，市场会自行扩大。哪怕浪费时间，也能从社会全体中得到好处，因此不会管理时间没有成为太大的问题。

但是，在21世纪这样的成熟社会中是没有像那样"多余"的好处的。无法管理自己时间的人，在固定时间内创造的附加价值会变得很低，所以这类人会率先被劳动市场所淘汰。我之所以说玩不玩柏青哥是最起码的判断标准，就立足于这个观点之上。

首先，只要不玩柏青哥，就能成为"二中挑一"的人才。

第二个阶段是"玩手机游戏，还是不玩"。

这个和玩柏青哥一样，如果是有时间的时候放放松才玩的话是没有问题的。如果每天无论是在地铁上还是家中，24小时不间断玩手机游戏的人，被说成手机游戏依赖症患者，或是它的预备军也不为过。

这亦是关于时间管理的问题。

玩游戏的时候，我们基本上是没有用"脑"的。虽然大拇指的反射神经可能会变灵敏，但除此之外一点儿好处都没有。

手机游戏依赖症患者，或是其预备军，为了逃避现实生活，不仅仅浪费了大量的时间，还没注意到自己减少了重要的工作、学习和睡眠的时间。

如果既不玩柏青哥，又不怎么玩手机游戏的话，你就能自然而然地成为"四中挑一"的人才。

刚刚所讲的这两个阶段，不必多说就是最起码的两个阶段。因为单靠这两点就能成为"四中挑一"的人才，所以你应该知道有多少人没能管理好自己的时间了吧。

问题在于，要把不玩柏青哥或是手机游戏的时间用在什么地方。这就是第三阶段的条件——"读书,还是不读书"。

在此我想重申一句，在21世纪这样的成熟社会中，修养是很重要的。不读书是没法加强自身修养的；而且比任何因素都重要的是，不玩柏青哥，不沉迷于手机游戏，只要通过读书，就能成为"八中挑一"的稀有人才。

第一章 成长最大的捷径，就是有效阅读一流的内容

所谓的"八中挑一"，如果说得笼统一点，就是"十中挑一"。在这一层面上来说，能否通过读书提高修养，是决定你能否跻身于那百分之十的上位人才之中的重要因素。

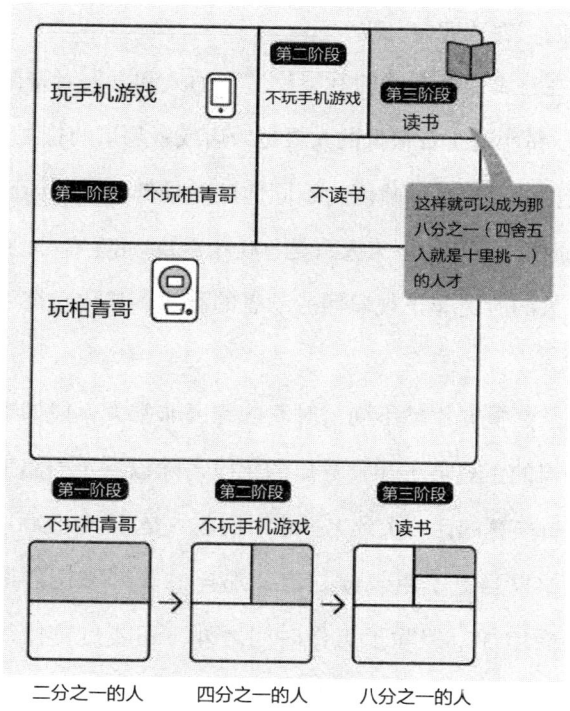

图1 只需读书就能成为"十中挑一"的人才

有效阅读量，决定了薪酬高低

各位有没有想过自己究竟拥有何种程度的在一个小时之内的"挣钱能力"呢？

在日本，把在非营利组织工作的人和志愿者排除在外的话，每小时工资最低的大概是饭店或者超市的打工者（兼职人员）了吧。虽然因为不同地区的最低薪资不同而无法一概而论，但平均下来大致是800~1000日元左右一小时吧。而广大的所谓非正规雇佣劳动者的薪水，只比它高一点点而已。

虽然根据年龄不同，时薪的跨度非常大，但如果把贸易公司的正式员工和公务员的年收入除以一年的总工作时间进行换算的话，大致上一小时的收入是2000~5000日元。

如果当上了组长或是部长那样的管理职位的话，收入是会增加，但除了工作时间之外，还要负责接待之类的事情，实际上的劳动时间也会变长。因此可以说，他们的时薪基本上是不会超过这个范围的（2000~5000日元）。

接下来就是那些没有被企业所雇用的专家。

人气律师级别的时薪水平大概是3万日元，有名的外资系管理咨询公司——麦肯锡公司的资深顾问的时薪大致是8万日元。

这样看来，平均时薪从自由职业者的800日元直到麦肯锡公司资深顾问的8万日元之间，有着100倍的差距。

我决定将1小时的工资超过1万日元的人称为"专家"。以我个人的感觉而言，我从没遇到过身为律师、顾问、医师之类却没读过书的专家。要问为什么的话，因为知识是无时无刻不在更新换代的，只有拥有最新信息的人才能符合客户的期待。

从这个层面来说，时薪800日元的自由工作者是没人会期待的。我并不认为职业有贵贱之分，人格那就更要另说了，但如果单纯从工作和报酬这一点来看的话，他们可能没必要看除了手册之外的书。但是对于时薪2000~5000

日元的管理者或是公务员来说,这样就行不通了。

看不看书决定了报酬的高低,是通过读书无限接近专家的薪资水平,还是不读书无限接近自由工作者的薪资水平呢?看书与否会将你的道路分为这两条。

另一方面,在各种各样的工作之中,每小时挣钱效率最高的职业是演讲。如果成为像比尔·克林顿那样曾任美国总统的人的话,一次演讲就能挣数千万日元。

哪怕是没当过总统或是首相的人去演讲,挣钱的效率也是很高的。有的日本名人去演讲1小时能挣100万日元。比如说,我曾听说,像宫本辉那样的一流作家或是记者,1小时是100万日元左右的。

以演讲者每小时所产生的价值来看,跟日本等级最低的自由工作者来比是他们的1000倍,哪怕是和顶级的顾问也相差了10倍。大概没有职业能在时薪上超过演讲者吧。

在各种各样的领域被称作"一流"的人,他们单凭说话1小时就能挣100万日元。究其根源,是因为他们拥有让听众满足的知识,而他们为了获得知识必然要读书。

当然了，听众们所期待着的，与其说是演讲者在书中所获得的知识，倒不如说是谁都未曾听说过的，演讲者自身经历过的种种事情吧。

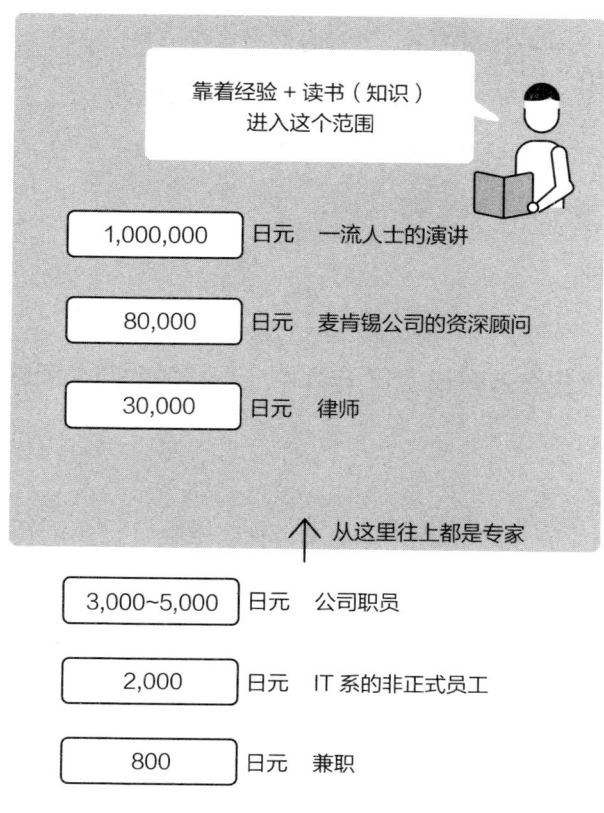

图 2 每小时的收入分布图

但是，人类是无法体验所有事情的。例如就日本的某个问题进行演讲时，是没有办法事先一一访问问题所涉及的所有人员之后再进行演讲的。

这样一来，我们应该会认真看资料，或是读一些值得信赖的作者所写的书，并通过网络获得一些权威的信息，然后以此为基础，再加上个人的体验来进行演讲。

这难道不是意味着，为了提高每小时所产生的附加价值，读书是不可或缺的吗？

人生有效时长"17年"中应当接触的四个领域

一天24小时之中，如果说你的睡眠时间是8小时的话，再减去其他吃饭、娱乐的时间，那么你醒着的有效时间就是8个小时。以此为基准计算你一年的生活时间，就是 8×365＝2920 个小时。因为有的人有时候会加把劲熬熬夜，睡眠时间就更短了，所以大致将一年的生活时间算为3000个小时。

假设30岁左右的人是健康并且长寿的，我们一般认为他们还能再活50年。50年再乘以每年的生活时间3000个小时，那么这接下来的50年的生活时间就是50×3000=15万个小时即17年。

在有限的17年里，如何投入自己的精力，如何产出与输入，所谓活着，说的就是这些事情。

关于信息的输入，用X（实际页数）页的矩阵图进行说明的话会比较容易理解。

其中一条轴线将信息划分为"个人性的体验"与"组织性的体验"，另一条轴线分为"通过媒体进行的体验"与"实际的体验"。人类所有的信息输入都是通过这两条轴线所组成的四个象限来进行的。

"组织性的并且是通过媒体进行的体验"，可以是在电视、报纸，以及其他大众传媒和广告中获得的体验。

对于"组织性的并且是实际的体验"能举出的例子有：

在学校、公司、家庭的体验,等等。

另一方面,"个人性的并且是通过媒体进行的体验"所说的是读书和网络上的体验。

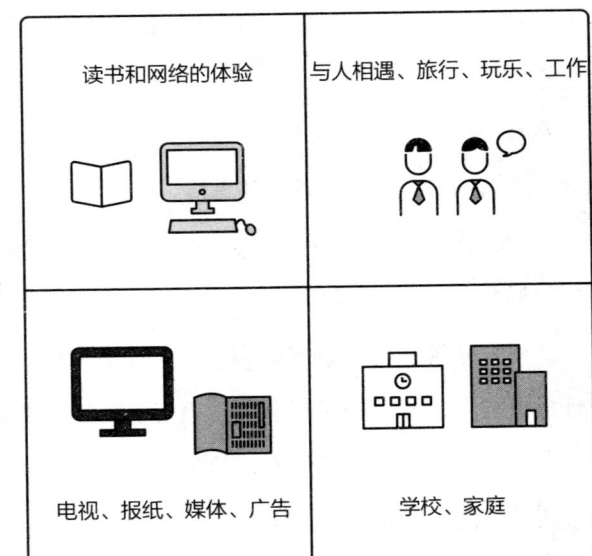

图 3　人生在世 50 年中应当接触的 4 个领域

紧接着"个人性的并且是实际的体验"所说的是通过玩耍、工作或是旅行等事情，与各种各样的人相遇或是自己亲身体验的种种事物。

人生在世，无论是谁都在进行着这四个象限中所包含的某种体验。关键点在于，你在这四个象限中的哪个象限花费着多少时间。

能给予人最为强烈的影响的体验大概是"个人性的实际体验"吧。甚至可以说，在剩余的 30 万个小时里，你能在这个象限中所分配的时间的多少，将会决定你在体验中所能够获得的知识的质量的好坏。

与之相反，对于第四象限的信息虽说是"实际的体验"，但同时也被归类于"组织性的体验"的学校、公司、家庭中所获得的东西，总会含有很强的被动要素。因为学校和公司拥有强制性的系统构造的组织，个人无论是否愿意都会受到影响。

另外，对于生活在现代的我们来说，想要从"通过媒体所进行的体验"中逃离出来是相当困难的。尤其是作为"组织性体验"的以电视、网络为中心的大众传媒和广告宣传特别容易影响到我们。

像这样的"组织性体验"的时间如果变多的话,人们的思考回路会变成什么样呢?

人们会服从于现实生活中的学校、公司之类的体系,虽然是虚拟的体验,但只要置身于媒体或是广告的影响下,我们大概就很难会质疑那些体系内的常识和范例,也很难对媒体和广告所营造的氛围进行多面性的思考。

比方说你很容易将电视上的评论家发表的意见误认为是自己的意见。那么,如果只让你从右边看的时候,别人问你:"那么从左边看会是什么样呢?"你怎么回答?这样的表面上的漂亮话,不会让你养成"从里面看的话不就不一样了吗"这样的进行"复眼思考"(批判性思考,欲知详情请看下文)的习惯。

这种体验会让人无条件地接受社会上所传播的信息,并且坚信它仿佛就是唯一的正解。

想要在21世纪这样的成熟社会中生存下去,必须要拥有"擅长怀疑的技巧"。因此,为了不被信息所摆布,我们只能尽可能地增加"个人性的体验",并且最好还是"实际体验"。

但是,就像我们刚才所说的,人的一生时间有限,想要体验所有希望做的事情是不可能的。在这种条件下,读书就是一种通过作者体会"个人性的实际体验"的工具。

通过和作者大脑的碎片链接,我们的大脑将得到扩张

让每个人都能得出满意答案的一种思考方式是"乐高积木型思考"。

在序章,我提到了日本从"20世纪型的成长社会"到"21世纪型的成熟社会"的转变,如果要简明地解释它的话,我们可以换个说法,把它说成从"拼图型思考"到"乐

高积木型思考"的转变。

在拼图中,美丽的风景照片和迪士尼动画的完成图(正解)都被事先设定好了;随后将原图拆分为数十块乃至于上千块的碎片,玩家要做的就是利用这些碎片让图复原。

每个碎片所对应的正确位置都是固定的,不能将它放在别的地方。如果把其中一块碎片放在了错误的地方,那么本来应该被放在那个地方的碎片就无处可放,想要完成拼图当然也是不可能的了。

20世纪的日本教育旨在培养大量的能够尽快地得出唯一的正确答案的,比任何人都能更快完成拼图游戏的青少年。

但我们突然发现,在日本社会上,净是些能够很快完成拼图游戏的人。

当然了,我也是这样的人,我周围的众多同龄人也是这样。而所谓的拥有"拼图型思考"的人有两件事是做不到的。

第一是,除了最初设定好的"正确"的图片之外,无法创造出其他任何图片。

第二是，这一类型的人无法对图片进行更改。

在拼美丽山川风景图的时候，哪怕想要借此机会再把大海的风景放进去，也无法做到；在拼米老鼠的拼图拼到一半时，又想把哆啦A梦也拼在一起，但是无法实现。想要变更拼图的风景和角色，却无法在中途做出改变。

这两个问题正是日本人生活方式的象征。

过去，对于日本人来说，美国的生活方式就是唯一的正解。想要过上和美国一样的富裕生活的日本人，战后50年来一直拼命努力地想要完成以美国为模板的拼图游戏。

结果，20世纪80年代，对日本来说的正解已经露出了它的一部分，而要想看清它的全貌，就必须中途做出改变，树立新的世界观，重新构筑蓝图。但那时的日本没能做到。

而在成熟社会中，你必须自己提出构想，开辟前进的道路。尽管这样，日本人还乐此不疲地做"拼图游戏"，这是日本人的不幸。

与此相反，玩乐高积木的时候，只要我们思考就能想出无数种堆积木的方法。

根据对于积木的想象，我们既可以把积木做成房子，也可以做成动物园；不仅能做出壮观的街道景象，还能让思维飞出地球做出宇宙空间站。大家得出的答案都各不相同。这个游戏就是看每个人能否得出让自己满意的答案。

拼图游戏和乐高积木，这两个游戏所象征的差别，同时也表明了20世纪型的成长社会和21世纪型的成熟社会在规则上的不同。这时候的我们必须具备何种资质呢？

通过阅读所习得的人生中极为重要的两种能力

读书不仅能够实现自己想要做的事，还能帮助我们学习两种能力。那就是"注意力"和"平衡感"。

这两种能力，最好能在高中时期之前习得为好。越早越好，因为这样就越有可能把握住未来的机遇。

首先从"注意力"开始想想看。

我至今为止见过数不清的才华横溢之人和有才能的企业家。无论是哪个领域的成功人士，或是做着独特的事情而获得瞩目的人，无一例外都是注意力集中之人。

注意力可以通过包含考试、复习在内的每日学习来获得。在有限的时间内记住一定量的知识，或是解决各种各样的问题都是锻炼注意力的绝佳机会，同时它也是学习的目的之一。

当然，除了学习之外还有可以锻炼注意力的机会。

无论是解阴山英男先生的百格计算[①]，还是练习钢琴，抑或是练习足球，都能锻炼注意力。哪怕不是为了直接提高计算能力，培养乐感，或是锻炼运动能力也可以。虽然我也知道有时候这能开发出在此领域的才能，但我们真正的目的是要养成将注意力集中于某一事物上的能力。

---

① 《阴山英男百位百格计算练习》：韩国游戏制造商 Daewon Media 公司制作的一款系列教育类游戏的一种，游戏的内容是适合小学生的计算填空题。

作为磨炼注意力的有效手段之一，我还想举的一个例子就是读书。

应该每个人都曾读书入迷到忘记时间的流逝，别人说什么也听不进去吧。享受读书就是在锻炼我们的注意力。

另一种能力就是"平衡感"。

在夸别人的时候，平衡感这个词语经常会出现。然而，能够正确把握这个词语的意思并对其进行使用的人又有多少呢？关于平衡感这一词语的定义，我想先就我本人的理解对其进行重新阐述。

这里说的平衡感，指的是能够把握自己和地面（地球）、家人、他人的距离感，也就是能够把握自己和世间万物之间的合适的距离感的能力。

看起来现在的小孩不是很能把握这个平衡感，而这个人数在 20~30 岁的年轻人中的比例也在不断增加。

比如说，我们和地面的关系也是如此。有的孩子在摔倒时没能及时用手撑住地板，导致脸先着地摔坏了鼻梁骨。还有不知轻重地踢足球的孩子把骨头给"踢折"了。可能

成长最大的捷径，就是有效阅读一流的内容 | 第一章

这听起来跟玩笑话一样，但是如果真的到了教育现场，就会知道像这样的例子并不稀奇。

被混凝土所覆盖的大都市中，能让小孩安心玩耍的土地和草坪正在减少。自然而然，易于担心的父母亲们为了不让孩子们摔倒，就会牵着孩子们的手。因为极少有机会能够大摔特摔，孩子们便无法养成把握与周围事物平衡感的心智。

因为在补习班或是课外学习中花费时间导致玩耍的机会减少，大概也是要因之一。但是，电视和游戏才是更大的元凶。

在家里就热衷于看电视、玩游戏之类的，在外面和朋友们聚会的时候同样不是盯着手机就是盯着游戏机看的孩子有很多。他们是不会到处跑来跑去，玩捉迷藏或者打仗游戏的。

平衡感是不可能靠看电视或者玩游戏获得的。我认为平衡感首先可以在那些需要活动身体的游戏中获得。和我一同参与了武雄市教育改革的，在从幼儿到小学生的教育

中取得了优秀实绩的"花丸学习会"的高滨正伸代表的意见好像和我一样。因此我很重视户外的游戏中和夏令营中碰到的需要活动身体的挑战项目的增设。

如果不进行此类的游戏，就无法让小孩知道从多高的地方跳下来是安全的，从多高的地方跳下来是危险的。如果孩子们能在沙地上或是空地上玩模拟相扑或是摔跤的游戏，自然而然就能学会如何安全地跌倒，也会知道用多大的力气把别人摔出去是危险的。

与包含自然在内的周围的事物的关联性的减少，会对人际关系产生巨大的影响。反过来说，我们与周围的事物之间的空间感与人际关系中的距离感也有关联。

在孩子从小学的高年级升至初中的这一时期，给孩子买手机的父母很多。而这一年龄的小孩一旦拥有了手机，就会完全沉迷手机，一天花上数个小时和同学互发邮件，或是在"LINE"（社交软件）上互发数百条信息也不足为奇。

因为总觉得有些寂寞就不停地摆弄着手机，稍微停下手，本是朋友的人也会对自己进行攻击，随后还会受到来自周围朋友的"总攻击"。因为害怕这样的事情发生,他们就一刻不停地打着字。

哪怕通过读书或是学习获得了集中注意力的能力,但如果没有平衡感的话,恐怕也会导致注意力用在非常极端的地方。从此意义上讲,我认为孩子在10岁以前,通过户外游戏在脑中形成对平衡感的认知是很重要的。

未来的孩子们也有可能通过读书获得平衡感。读书能帮助我们扩大世界观。通过读书我们可以获得别人亲身体验或是调查而得到的知识,同时读书还与扩大我们的内在世界观有着密切关联。

如果世界观扩大了,我们就可以从各种各样的角度观察事物和他人。能够从多种角度看待事物,不仅能帮助我们锻炼自己的平衡感,还能成为个人包容力和宽容力的基础。

通过阅读所获得的在社会中"幸福生活"的能力

2003年至2008年这五年间,我在杉并区立和田中学担任校长。

因为我同时也是首位以普通老百姓身份出任都内中学校长的人,所以当时备受关注。我在任时还实行了各种各样新的教育方案,而"社会科"这一门独创课程就是其中最具有象征性的。

文部科学省于2015年开始着力进行的"Active·Learning"(它并非单单让孩子背诵知识点,而是促进学生进行主动学习,从而锻炼他们的思考能力、判断能力和表达能力,是一种能让孩子表达自己意见的授课方法)正是以我的"社会科"为模板的。"社会科"是为了让孩子对以往至今的尝试和先例进行质疑,让孩子们获得"复眼思考"的能力而开发的学科。这门学科的最大目的是让孩子们更进一步地研究关于身边的事例乃至于社会和人类的关系。每讨论一个主题，我们会请当地有知识和经验的大人作为客人来到课堂，对孩子们提问，然后大家在讨论的同时互相学习。

"汉堡店在哪儿开才能赚钱呢？"

"安乐死的好坏。"

…………

论题有的轻松，有的严肃，涉及了多个领域，没有所谓的正确答案。正因为现在是成熟社会，所以让孩子们解决这些问题才有意义。

通过别人的谈话，我们可以了解这些没有正确答案的问题，收集信息，以自己的方式独立思考、讨论，获得不同的切入点。孩子们在理解各种各样想法的同时，进行尝试，犯错后进一步让自己的想法升华，这一过程尤为重要。

比如说，有一个主题叫作"自杀是正确的还是错误的"。我们能否从道德层面上解决自杀问题呢？你有没有想过这个问题。从结论而言，这是做不到的。要问为什么的话，如果要把自杀说成道德的"恶"，就必须认定自杀的人也是恶人。

日本每年大约有 3 万人自己终结了自己的性命。理由千差万别，有的因为太过善良而被坏人所欺骗，有的因为男子气概而选择了自杀，而我们无法将他们片面地断定为恶人。更不要说小学生乃至于大学生这样的青少年自杀的事件也层出不穷。我们难道可以把缺乏人生经验的他们也说成恶人吗？

要想减少自杀事件的发生，只有对自杀进行讨论，而不是将它当成一种禁忌。

"自己的生命是自己的所有物，想怎么做都没问题吧？"

"不，你还有爸爸妈妈、爷爷奶奶，如果追溯到更早的时候的话，这世上的人不都是亲戚吗？因为我们都是联系在一起的，因为自己很痛苦就擅自把这份联系给斩断了真的好吗？"

并不是由感情和成见草率地得出结论，而是从多个角度对这两个极端的观点进行观察，进而让孩子们找到属于自己的立足点。

这就是"社会科"的授课特征。

弃婴箱的问题也是"社会科"中的绝佳主题。

现今这个文明时代,仍旧有抛弃小孩的父母。而这些被抛弃的孩子中有一部分非常不幸地丢掉了性命。

为了帮助那些被抛弃的孩子,有人认为建设类似熊本的弃婴箱的设施是非常重要的。如果它们真的这么有意义的话,为什么国家没有产生把这些设施设立在所有自治团体里的动向呢?

从六年间给谈话窗口打电话的人大约80%来自外县这一点来看,全国都有"弃婴箱"的需求。正因如此,希望在全国建设弃婴箱设施的要求也是无可厚非的。

另一方面,也有人担心弃婴箱会产生一些副作用。

他们认为,因为身边就有弃婴箱,说不定会有那种轻易把小孩抛弃的父母出现。

这两种意见你无法判断它们谁对谁错。重要的是,要在这两种意见之中，寻找属于自己的想法。

不仅仅是自杀和弃婴箱的问题，社会科这门课上讨论的都是诸如核发电站的好坏或是日本自卫队的职能这样的难以下定论的社会问题。好还是不好，正确还是错误，我们有必要在这两个极端的意见中进行思考并找到自己的立足点进而建立自己的世界观。

为了理解像这样的两种极端的意见，读不同的书再进行比较是最关键的。

但是，不读书的人总是会被相关问题的报道或其他信息弄得团团转，视野变得狭窄，看问题无法从多角度下手，进而就可能做出草率的判断。看问题只看到表面可能会让人变得肤浅。

通过读书，如果我们能够拥有描绘着人生轴线和世界观的鸟瞰图的话，应该就能进行逻辑性的议论和判断了吧。

有效阅读，实现人生跃迁

过去，因为校园凌霸而导致的自杀事件发生时，我作为担任校长的普通老百姓，曾被叫去参加日本电视系列的晨间信息节目。在节目里被问到"如果被学生欺负了要如何对抗"时，我是这样回答的："哪怕大人在道德层面上将欺凌和自杀片面地说成'不行的'，对其也不会有太大的抑制效果。如果在学校把欺凌和自杀当成一种禁忌话题的话，孩子们就会对其缄口不提。我们必须要创造一种能让他们更加日常化地、开放地谈论这些事的氛围才行。"

在最后，其中一个评论员伊藤先生陈述了他的意见。

"如果是我，会推荐学生读书。"

一般的人可能乍一看不知道这人在说什么吧，觉得看书与对抗欺凌问题毫无关联。但是，伊藤先生的本意是：如果要让被欺负的孩子和欺负人的孩子在同一个擂台上进行对抗的话，那他肯定是打不过对方的；因为事实上就是因为打不过才会受欺负。那么,就有必要让他们登上欺负人的孩子所无法登上的擂台。为此,读书应该会有些帮助。

我和伊藤先生从以前就是老相识了,我非常尊敬像他这样的有敏感性的评论家。虽说偶尔他也会因为古怪的说话腔调而受到众人的批评,但实际上,他不单单是为了迎合大众才这样说话的。我感觉他的评论都是经过深思熟虑的。

听了伊藤先生的话之后,我想起了埃及考古学者吉村作治先生。我和吉村先生通过"埃及文化战略会议"而变得亲密了起来。借此,他还愿意在和立田中学教书。在上课之前,我和他在校长室闲聊,他和我进行了这样的对话。

"吉村先生在小学和中学时代是怎样的学生呢?"

"我当时,被欺负得可惨了。"

看他现在的块头我有些难以置信,但据他说当时休息时间在教室根本没有他的容身之处,他一直都躲在图书室里。然后他就和一本叫作《图坦卡蒙法老王的秘密》的书相遇了。因为这本书实在是太有趣了,他完全走进了书的世界里仿佛忘记了自己被欺负的事，结果他成为一位世界著名的埃及考古学家。

一本书能帮助一个被欺负的孩子。

读书扩大世界观，被欺负的孩子就可以和欺负人的孩子站在不同的舞台上。伊藤先生所想表达的大概就是这件事吧。而说出那句话的伊藤先生也是读了不少书的，正因如此才能说出这样的观点。

第二章

第一个七天阅读训练

阅读是最好的学习。追随大人物的思想，是最富有趣味的一门科学。

——普希金

阅读训练一：如何阅读，获得想象力

在序章中介绍过的NHK的《现代特写》的一期节目"越来越多的人读书量为零会对日本人产生何种影响"中，研究读书对人的大脑所产生的影响的东京大学大学院综合文化研究科的酒井邦嘉教授出场讲述了他的想法。

因为科学观点下的读书的效能被笼统地概括，所以我想同时引用《现代特写》的节目内容和酒井教授所著的《读书创造大脑》（日本实业出版社）来进行思考。

"读书这一行为，绝非是为了获得信息所进行的，而是为了知道能从自己脑子里提取出多少知识而进行的行为。"

引自《现代特写》

酒井教授指出，读书时的大脑和做其他事情时的大脑的运作方式是不同的。作为例子,他在《现代特写》中,对包含解说《雪国》的情景的文章和影像进行了比较。

电视的影像通过视觉神经被枕叶①的"视觉区域"所捕获;与此同时,解说通过听觉神经被位于颞叶②的"听觉区域"所捕获。随后在听觉区域所捕获的语言被送往几个不同的"语言中枢"。据酒井教授所说,人脑的语言中枢分为四个区域。"言语地图"将语言中枢的各个区域的位置都展示出来了。

人脑以视觉区域所捕获的影像和语言中枢所理解的语言为基础,理解当时所处情景包含的意义。

但是,因为电视的画面源源不断地将新的信息送到我们脑中,人脑单是理解这些新来的信息就忙得不可开交了。因此对这些信息的理解只能停留在表层。

---

① 枕叶 (Occipital Lobe): 在脑的后部,顶叶和颞叶的后面,与视觉有关。
② 颞叶 (Temporal Lobe): 位于侧间沟的下面。与感知、辨认听觉刺激(听觉)和记忆(海马区)有关。

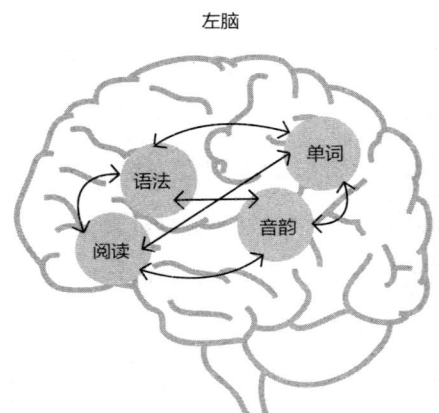

"左脑的后方有负责掌管'音韵'(例如读音)的区域和识别'单词'意思的区域。左脑的前方还有管理'语法'的区域和对文章的'阅读理解'来说必需的区域。后方的两个区域还具备语言中枢的输入功能,'语法'的区域不止有理解功能,在人说话时也在运作着。"

引自《读书创造大脑》

图4　大脑的言语地图

另一方面,在读书的情况下又是如何呢?

川端康成的《雪国》的开头句:"穿过县境上长长的隧道,便是雪国。"酒井教授说:"书上的文字被视觉神经所捕获,进入了脑的视觉区域,我们会从视觉区域沿着以下的路径对文字的意思进行理解。"

"默读的时候,能变成声音的字会变成仅存在于脑内的'声音',通过和记忆的比对自动地对叹词和语法要素(比如助词)进行检索。为了进一步对单词的意思或是构成句子的语法进行分析,被检索过的信息会被送到别的'语言中枢'去。至此'读'这一行为才确确实实地和语言结合在了一起。"

引自《读书创造大脑》

据说此时,大脑为了要想象《雪国》的情景和登场人物的画面,视觉区域会开始运作。储存在视觉区域的过去的影像被取出,该场景的画面在脑内被创造出来。酒井教授指出,正是这一循环与培养"想象力"有着重要联系。

"我觉得,虽说是读书,但读的不仅仅是书中的话。还包括比如说让脑袋回忆起视觉的影像,或是与自己过去的体验对比进行思考,并且因为能够靠着自己所获得的信息进而渐渐对自己的思考系统进行构筑,人类所拥有的创造性的脑力才能被充分活用。"

引自《现代特写》

现代是一个影像社会,无论是电视、数码相机还是智能手机,分辨率的高低成了他们功能的核心。值得鉴赏的照片和视频的画质,或是享受 3D 电影的质量等,当然都是分辨率越高越好。

但是,从人脑的运作这一方面来看的话,又有些许不同。

因为越是看分辨率高的东西,人的想象力等级就会越低。因为如果什么都能看得一清二楚的话,就没有必要对模糊不清的部分进行想象。

在电视或是手机上看视频的机会越多,就越会加速这种倾向。正如酒井教授所解说的脑的运作那样,人光是处理源源不断地闯进视觉区域中的影像就已经筋疲力尽了,根本没有空闲对看到的影像进行想象。自然而然,电视和视频的制作方也渐渐不要求观众对影像进行想象了。

了解到电视所具有的这种特征之后,加拿大的媒体学者马歇尔·麦克卢汉（Marshall Mcluhan）将其称为"冷媒介"。

研究结果表明，我们在日常生活中所获取的信息总量的 70% 以上是由视觉获得的。只要电视作用于视觉让人们看到与现实相近的事物，观众就容易冷静（cool）地对其产生认同感。

与此相对，广播是只能听得到声音的媒体。因为能够给予我们的信息量是有限的，所以能够在很大程度上激起听众的想象力，与此同时变得兴奋，情绪渐渐高涨（hot）。因此，马歇尔·麦克卢汉将广播称为"热媒体"。

这样看来，读书和听广播一样，都可以说是凭借语言来激发想象力的媒体。并且，读书与被动地获得信息的广播不同，必须要由看书人主动地获取信息，是非常适合"activelearning（自主学习）"的媒体。

对生活在影像时代的人们来说，这听起来可能有些矛盾，但就磨炼想象力而言，读书是必不可少的。而电视的节目编导和制片人无一例外都是读书家，便证明了这一点。

阅读训练二：如何阅读，修炼"吸引力法则"

刚刚介绍过的《现代特写》的"读书"专题，我会看到它纯属偶然。

晚上七点半，我刚好在家，手上拿着遥控器准备要看电视。频繁换台后我也没发现什么能让我感兴趣的节目。最后我把频道切换到了NHK，刚好那个时候是选举时期，我想说不定谁在做选举广告呢。如果无聊的话我是打算直接把电视关掉的，不过换了台之后我发现电视上播放的是关于读书的节目。因为我刚好准备写关于读书的书，所以就一只手拿着笔记本看入迷了起来。

像这样的事经常在我身上发生。我总是同时进行10个以上的项目，经常能够遇见与项目有关的人或事。这就是"吸引力法则"。

这种现象并非只在我身上发生。

有一个人叫作樋渡启祐，他曾任佐贺县武雄市市长，现在经营着一家叫作"樋渡社中"的公司。在他还当市长的时候，我和他一起做过教育改革工作。当时他也说，当意识集中的时候，就会发生"吸引"现象。

在他想要改造武雄市图书馆的那天晚上，看着某一档电视节目时，他发现同时担任TSUTAYA的社长和文化便利俱乐部的会长的增田宗昭先生出演了该节目。这是一期介绍在代宫山的新概念书店"代宫山T-Site"的专题节目。听樋渡先生说，他当时立马想到："一定要拜托那个人帮忙！"

他就给TSUTAYA的电话总机打了一通电话，即便告诉对方自己是武雄市的市长他也没能将自己的话传达给TSUTAYA的社长。从TSUTAYA的电话接待员的角度来看，所谓的武雄市市长不过是来路不明的存在罢了。像这样的推销电话估计他们每天都要接几百个，变成这样也没有办法。

但樋渡先生没有完全放弃，而时间就这样一天一天过去。随后他偶然去东京出差时，抽出时间去了代宫山的

TSUTAYA公司那里看了看。没想到就在公司附近的交叉路口他碰到了那位增田先生。听说当时是竣工庆祝活动结束之后,增田先生正满怀感慨地看着建筑物呢。

樋渡先生立马走到他旁边,冷不防地递上了自己的名片说:"我是武雄市的市长樋渡,现在想要改造图书馆,不知能否请您助我一臂之力。"

"好的!"

增田先生的回复没有丝毫的犹豫,这让樋渡先生感到惊讶。听他说过后增田先生告诉他,自己脑中也有着"接下来就是图书馆了"的构想。两人的脑回路仅一瞬之间就连接在了一起。

人所储蓄的所有知识、技术、经验都沉淀在大脑的某个部位。深层意识变强之后,这些知识、技术、经验就被搅拌混合,渐渐浮现在脑海里。

这些知识、技术、经验浮现在脑海中之后,仅一瞬便连接在一起,并形成回路,这就是人所抱有的想法和思考。反过来说,如果知识、技术、经验在脑海中浮现的时候不是以点的形式，那么想法和思考也不会诞生了。

脑内的联系形成了回路，当它们作为想法和思考开始结晶之时，是不是就会变成一种信号的发送装置，开始发送某种像电磁波一样的东西呢？我认为与这种电磁波产生共鸣的东西会被吸引过来。

人类自身就是粒子的集合体。我想象着有横线、竖线和斜线负责将那些知识、技术和经验的碎片连接在一起。我们应该可以将那些线称为"触媒"吧。

"触媒"有三种，其中一种非"读书"莫属。

但并不是说只要读书就好了，如果只是一个劲地读书，大概也无法得到成长。

只有通过体验其他两种"触媒"——"玩耍"和"艺术"，才能在脑内形成一些回路，沉淀着的知识、技术和经验的碎片才能充分地结合在一起。我认为当它们结合在一起后所发出的电磁波会变得更强，才能吸引更多有关的"人"和"物"。

如何有效阅读

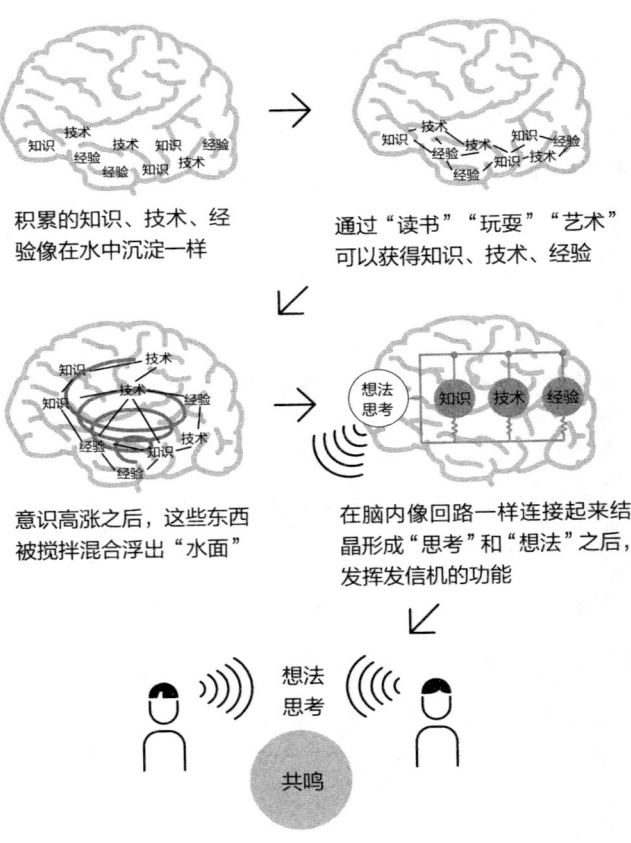

图5 知识、技术、经验结晶化，形成"想法"和"思考"

阅读训练三：如何阅读，将自己的大脑与作者的大脑连接起来

暂且把我的脑袋称作"藤原脑"吧。为了自由地组装我脑内的乐高积木，我必须让这个藤原脑扩张才行。

为此，我需要学习各种各样的事。

但是人的一生，自己能够亲身体验的事物终究是有限的。因此，如果能够把他人获得的大脑的片断和藤原脑拼在一起，那么藤原脑就有可能得到进一步的扩张。因为通过和自己完全不一样的大脑碎片融为一体，可以让你接受曾经自己的大脑所无法接受的事情。

这样看来，平日里就有必要让藤原脑保持易于和其他大脑的碎片进行融合的状态。为此我们应该怎么做呢？

我认为，藤原脑可以通过制造出无数的跟钩子一样的东西，来钩住从外部进来的他人的大脑碎片。钩子就是为了钩住东西的凸起状物。

这个类似钩子的东西是通过读书被制造出来的。哪怕写书的人跟你不在同一个地方，你也可以通过读书和作者大脑的碎片连接在一起。

　　打个比方，如果我读了科学家茂木健一郎写的书，我的藤原脑就能和茂木健一郎的大脑碎片黏在一起；如果我读了林真理子的书，藤原脑就能和林真理子的大脑碎片黏在一起。

　　虽说是融合，但并非就能融合得漂漂亮亮。在我的想象中，脑内整整齐齐地遍布着无数的小孔，但那些来自他人大脑的球状碎片并不是刚刚好就能填满那些小孔的。还有的大脑碎片像是扎进来似的和我们的大脑黏在一起，有些大脑的碎片甚至还可能挂在某个地方晃来晃去。

　　然而对于同样的体验，也会出现能从中学习到知识的人和学不到知识的人，这大概是因为他们所拥有的钩子的数量和钩子本身的构造不同。确实有的人明明遇到了优秀的人却毫无察觉，明明有着很棒的经历却无法从中获益。

　　这个像钩子一样的东西用生物学的话讲就是"感受器"。

感受器的构造越是复杂，就越是能钩住各种各样的大脑的碎片。

各位只需要回想一下日常生活中的各种各样的场景应该就能理解。就感受器而言，凹的比凸的好，三角的比圆的好，粗糙的比光滑的好，两根感受器比一根感受器好，多方向延伸的比单一方向伸展的好，形状扭曲的比形状单一的好。我们应该让自己的感受器朝着这方面进行一定程度的训练，否则我们的大脑就会变得很难和他人的大脑碎片连接在一起。

话说回来，茂木健一郎先生所发出的大脑碎片和林真理子女士所发出的大脑碎片的形状大概也有所不同。如果一个人的感受器构造简单，就有可能只能捕捉某些人的大脑碎片，而无法捕捉其他人的大脑碎片。

有时候，哪怕你读了茂木健一郎和林真理子的书，也并不意味着你马上就能和他们的大脑碎片进行融合。因为大脑碎片并不是无条件进行融合的，毕竟你们的知识水平和生活经验的质量各不相同。哪怕碎片勉强挂在感受器上面，也会因为一些原因很轻易地脱落下来。这也是为什么明明是同一时间阅读同一个作者的作品，对作品的感受却会因人而异。看完一本书后，可能有的人会觉得"超级有趣"，但也有人会觉得"这什么玩意儿，真无聊"。

要想尽快让感受器的构造复杂起来，就要读各种各样的作家所写的书。这样一来，各种各样的大脑的碎片就会在你的脑内堆积，感受器的形状也会变得多样化，进而变得容易接纳其他大脑碎片。

比如说，你在读有关研究"大脑"的书，最开始读茂木健一郎先生的书时，你可能无法接纳茂木健一郎先生的大脑碎片。但是如果你先读以《海马》闻名的东京大学大学院教授池谷裕二先生的书之后，再读茂木健一郎先生的书，说不定你能够轻松地接纳茂木健一郎先生的大脑碎片。这因人而异，也有可能你要先读茂木健一郎先生的书才能理解池谷裕二先生的书。

通过读书我们可以获得各种各样的感受器，并且在自己脑内储存各种各样的大脑碎片，这就是读书带给我们的帮助。

第一个七天阅读训练 | 第二章

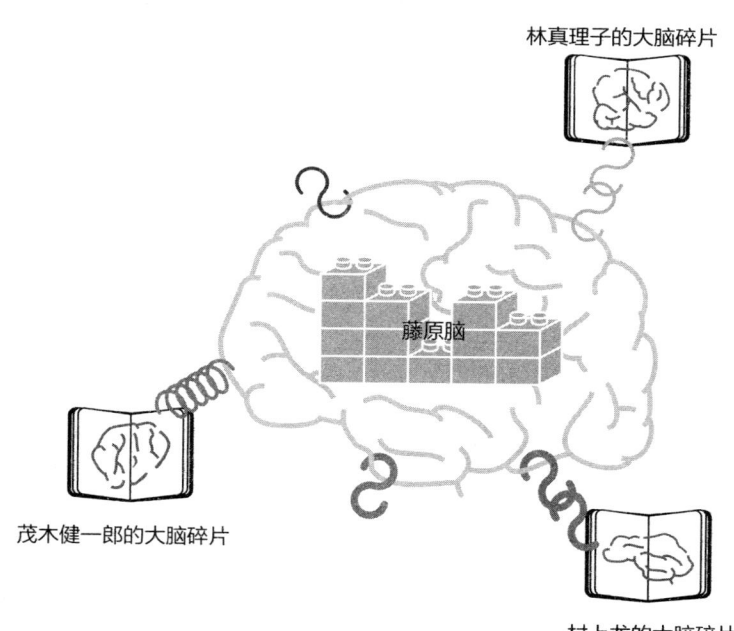

图 6　读书可以和作者的大脑碎片相连接

阅读训练四：如何阅读，让大脑感受器活性化

单是让大脑的感受器复杂化带来的收益是有限的。因为如果感受器之间没有神经通过的话，大脑是无法吸收更多的大脑碎片的。事实上，大脑内存在名为"突触"的神经物质，通过发达的突触，大脑的功能可以得到强化，而不常使用的部分突触则会以"细胞凋亡"的形式渐渐死去。

为了不让脑细胞凋亡，我们有必要积累阅读量进而使大脑的感受器活性化。

不过，如果偏向于阅读自己擅长的领域和感兴趣的东西，我们就无法到达新的领域。比如，有人会说"因为我是文科生所以对DNA这些东西没什么兴趣""宇宙对我来说太难理解了，实在无法对它感兴趣""因为我只喜欢纯文学作品，所以除了这之外其他的我都不想读"，于是他们就与自己擅长的领域之外的东西离得远远的，哪怕那些领域中存在有益的大脑碎片。

我们反而应该着眼于自己不擅长的领域、令人能够茅塞顿开的内容或是以前从未感兴趣过的东西。只有我们有目的地去创造"性质不同的回路",感受器的形状才会变得多样化,质量才会提高。

简单地说,我们要进行"广泛的阅读"。

这样做是为了诱发"serendipity"(与意想不到的发现或是奇迹的相遇)。

读书没必要最开始就把内容完全搞懂,哪怕只能看得懂表面也没关系。如果大脑中真能伸出无数个小钩子,你也不知道它何时何地会钩住什么东西。哪怕我们最初获得的知识比较浅显,但通过和越来越多的大脑碎片相结合,之后对知识的理解也会更加深入。

在到达某个阶段之前,如果我们不进行一定的训练是无法让自己更上一层楼的。这句话用在所有领域都可以,读书也毫不例外。

关于这件事,我从 2014 年上映的吕克·贝松导演的电影《超体》中受到了启发。它有一句台词是这样写的:

"人的大脑只发挥了它10%的功能。"

故事的梗概大致是这样。女主人公露西被卷入了不法交易之中,被迫变成毒贩。毒品被缝进了她的体内,但装毒品的袋子在体内破裂了,里面的毒品被露西的身体吸收。

但以吸收了毒品为契机,露西的大脑变得发达,渐渐获得了越来越多超乎想象的能力。本来只发挥了百分之十功能的大脑,在发挥了百分之百功能的时候,露西会变成什么样呢?人类又会变成什么样呢?

电影中,有一段是露西突然开始讲中文的场景。周围的人都问她:"你是什么时候开始学中文的?"而她回答道:"不,我只是突然会讲中文了。"

看到这里,我觉得这是对极为本质的东西的描写。因为我以前就在想,人类的大脑里是不是装着他的所有记忆。如果向前追溯10多个时代,大部分的人都有同一个祖先。那个时候的人的记忆,我不认为会这么容易失去。

实际上,放眼世界,也出现了很多开始谈论自己的前世的孩子们。有的人明明没有学过，却突然开始说起了未知的语言。要把这个当成超自然现象一笑而过是很容易，但我总觉得事情并没有这么简单。

在《超体》中，露西甚至追溯到了宇宙诞生之时，回想起了所有的记忆。最后一幕则是以露西大脑的百分之百活性化的描写结束。虽然以下内容可能涉及剧透，但我还是决定要写。

露西的大脑活性化达到了百分之百之后，便消失了踪影。作为大脑完全开发的结果，露西成为世界本身，这最后一幕很有哲学色彩。

而事实上，大脑是不可能被百分之百活性化的。可是，积累以读书为首的众多经验之后，大脑一定会一天比一天发达。到了那时候，我们所看到的世界会不会和现在有所不同呢？

所谓和他人的大脑碎片相结合，说的就是这件事情。

阅读训练五：如何阅读，以获得更多"mikata"（想法或伙伴）

通过读书使自己的大脑和他人的大脑连接在一起，换句话说，其实这就是在增加"mikata"。这个"mikata"有两层意思。

其一，读书可以丰富我们的"想法"。

读书是读者把作者所获得的知识输入自己大脑中的行为。通过把自己的大脑和他人的"大脑碎片"相连接，自己的大脑可以得到扩张。通过理解作者看待世界的角度和知识，读者可以丰富对世界的看法，拥有进行多面的复眼思考的能力。

如果扩大了世界观（看法），就不会轻易被鱼龙混杂的消息所欺骗，在做决定时，供你选择的项目也会变多，这样风险也会降低，所以越多读书就越能保护自己。

其二，读书可以增加我们的"伙伴"——自己的大脑和各种各样的大脑碎片。

与他人的大脑连接之后,我们的世界观得到了扩张,从而能与各种各样的大脑(人)进行交流。

借此,我们可以和他人共享世界观。当你发现自己和对方有不少共通点,并且在脑内建立了和对方的共同领域之后,对方会成为你的伙伴。

随后这块共同领域会发展成与他人之间的共鸣和信赖,最终增加你从周围所能获得的"信任"(信任=信赖×共鸣)的总量(credit)。这将会诞生新的与大脑碎片连接的桥梁,"伙伴"也会越来越多。

就结果而言,读书与不读书的人之间会产生很大的差距,而且这个差距是呈指数函数式增长的。这就是可以与各种各样的人的大脑碎片相结合从而扩大"世界观"的人,与无法做到这一点的人的差别。

同时这也是能够与各种各样的人的大脑碎片相结合从而增加自己的"伙伴",并在实现梦想时能获得他人的共鸣(即支持)和信赖的人,与无法做到这一点的人的差别。

如果能从周围的人那里获得信赖和共鸣，就说明你作为一个大人是被"信任"的。我把这个信任的总量，称作"Credit"。

Credit 越高，自由度就越高，反之，则越低。

最终，Credit 越高，一切梦想都会变得更加容易实现。因为你可以获得更多的来自周围的人、组织乃至于全社会的共鸣（即支持）和信赖。这样一来，你就能遇到更多的机会，在努力实现梦想时，也能获得更多的帮助。

阅读训练六：如何阅读，预测未来趋势

我刚刚说到，读书就是一个把自己的大脑和他人的大脑碎片相结合的行为；而我们脑内所吸收的他人的大脑碎片将会增殖，并且开始互相连接在一起。这会产生全新的思考和意见，而预测未来便是其副产物。

比如，通过阅读记录了亚马逊公司的创立者杰夫·贝佐斯（Jeff Bezos）故事的《一网打尽：贝佐斯与亚马逊时代》（布拉德·斯通著，日经BP社）和提到了谷歌的未来的《新数字时代：重塑人类、国家和企业的未来》（埃里克·施密特、贾里德·科恩著，钻石社）这两本书，可以让我们脑中浮现出未来的样子。

在这里我想以我以前在杂志上连载的书评为基准，来试验看看通过和作者的大脑相连，究竟能想象出怎样的未来。

《一网打尽：贝佐斯与亚马逊时代》

（布拉德·斯通著，井口耕二译，日经BP社）

读者之中有没有从2000年亚马逊进军日本之时，就预言"这不只是一个图书销售网站，不久之后它会成为占据支配地位的流通网"的人？

就我个人而言，诸如电动牙刷的预备刷头，和iPhone手机配套的折叠键盘，都是在亚马逊上买的，而且我买的东西越来越多。

　　这个名为杰夫·贝佐斯的男人，似乎一开始就想要做一个比沃尔玛还要大的公司。他一边对这至少要超过2000亿美元的生意进行构思，一边把力所能及的事情都做了。

　　沃尔玛曾以超过45兆日元（1兆日元=1万亿日元）的总销售额占据着世界第一公司的宝座，而亚马逊自创建以来不到20年的销售额就超过了6兆日元（亚马逊在日本国内2012年的总销售额对外声称是7300亿日元，但也有人说实际的交易额已经超过了1兆日元），以2012年的增长率（超过了20%）来看，3年就能有10兆日元的销售额，在2020年东京奥运会之前，亚马逊的销售额甚至还可能会超过20兆日元。

　　读了这本书，我们能够学习到深不可测的实业家精神和超速的反复试验商业手法。它和《史蒂夫·乔布斯》Ⅰ，Ⅱ（讲谈社）一样，都是商人必读的传记，经典权威的纪实作品。因为本书有500页，所以读起来比较耗费时间，但它会告诉你"在做生意时，究竟什么才是最重要的""附加价值是什么""在公司应该做的事情是什么",让你学习管理的本质。

我特别希望各位仔细享受杰夫·贝佐斯把"顾客的体验"视为绝对的重要,这甚至是带有宗教色彩的判断过程。

在亚马逊的玩具商业竞争中,有这样的内情。

"果然,感恩节结束后,那些畅销的玩具的库存都开始出现了不足。听说他们会分头行动,跑到玩具反斗城①和好市多②那里,把当时很有人气的口袋怪兽类玩具全部买下来。除此之外,他们还把刚刚开始运营的玩具反斗城的网上店铺里的口袋怪兽类的玩具全部买断,还利用了竞争对手的免费配送服务,让他们把玩具直接送到了自家仓库。"

杰夫·贝佐斯虽然有看破事情本质的眼光和先见之明,但对音乐领域却看走了眼。

---

① 玩具反斗城:Toy"R"Us,全球最大的玩具及婴幼儿用品销售商,总部设在美国。通过整合各类品牌,玩具反斗城向消费者提供了全方位及一站式的购物体验。

② 好市多:Costco,美国最大的连锁会员制仓储量贩店,成立以来即致力于以可能的价格提供给会员高品质的品牌商品。

"苹果公司在音乐行业成为龙头企业,将诸如淘儿唱片和维珍集团这样的大公司都给挤了下来。我当时太小看 iTunes 了。"

他从未料想到 iPod 会以如此快的速度席卷市场,从内部将 CD 市场吞噬殆尽。

但这一次的失败,却与 kindle 的诞生有着密切关联。

2013 年,他手里拿着《华盛顿邮报》,似乎鼓足了干劲想要重振这个报刊界的老字号。

说实话,我不知道该不该把杰夫·贝佐斯的理想追求概括成"野心"。这究竟是不是一种野心呢?

因为对我来说,把"顾客体验"视为绝对的重要,这是真挚而又冷静透彻的,而且在每一秒他都不断地摸索,我认为这样的经营是极为正经而实诚的。

《新数字时代:重塑人类、国家和企业的未来》

(埃里克·施密特、贾里德·科恩著,樱井祐子译,钻石社)

本书的英文书名是 *The New Digital Age:Reshaping the Future of People, Nations and Business*。

现今，世界上的手机持有人数是 20 亿人，再过 10 年这世界上就会有 50 亿人被手机联系在一起。身处像这样所有人都互相联系在一起的世界之中，我们就可以准确地预言个人、社会、国家、战争和恐怖主义的未来姿态。

比如，一个人的一生差不多有一半是在网络上度过的（发邮件；通过社交软件进行交流；在网络上购买商品；用信用卡结账之类的），不管你本人能否察觉，但人活着就会留下非常庞大的记录，包括你成年之前在网上做的一些恶作剧、粗暴的发言，甚至浏览黄色网站情况都会留在记录中。作者认为，这样一来，以下的假说就成立了。

"如果生活在数字时代的孩子们完全成为大人之后，他们在青春时期所做出的不负责任的言行举止都被逐一记录在案的话，一定会有政治家高举'封印虚拟世界中有关未成年人的记录'的旗帜出现在世人面前吧。"

印度可能要进行利用生物数据的用户识别号码（UID）

计划。因为现在申报个人所得税的国民还不到3%，所以他们很想掌握每个国民的信息。据说他们要把包含指纹和虹膜认证在内的12位识别号码的身份证发给12亿的国民。

服务器攻击已经成为继陆、海、空、宇宙之后的第五战场，乃至于人们把"cold war"（冷战）称为"code war"（代码战争）。

因此有人说："国家开始怀念那个只需要针对世界考虑对内对外的政策就可以的时代。"

电影中描述的未来的战争都是在机器人之间发生的，现在我们正一步步迈向那个未来。据说狙击用的机器人已经于2007开始应用在了实战中，还有人说美军的军用飞机有31%都是无人机。

我以前还不知道生产Roomba的iRobot公司还提供像"PackBot"这样的有着如同战车一般的轮胎，搭载着摄像头的军用机器人。

我自己以前在书里也写过，我在几年前就是这样想的："手机就是名为'通信君'的机器人，小轿车就是名为'移动君'的机器人，洗衣机就是'清洗君'，冰箱就是'冰箱君'，吸尘器就是'吸尘君'，这些不都是我们身边的机器人吗？"但现在"战争君"的开发也在火热进行中。

当今世界在战争后进行武装解除，并实行民主制度的情况下，社会复兴计划的最关键一点就是"没收他们的枪而给予他们智能手机"。我一边深深感到谷歌已经成为美国世界战略的先锋和美国的民主主义代理人，一边又想着日本方面是否存在拥有这样战略眼光的经营者呢？

我们和美国所构想的世界规模，从一开始就相差悬殊。

关于这两本书的内容稍稍有些冗长，但我并不是想将自己的感想和评论强加给各位。

重要的是，通过读这两本书，读者会对亚马逊和谷歌这两个领先于世界的公司进行思考，随后在脑内就会产生相应的碎片，继而大脑中就会浮现出这两家公司想要创造出的未来的样子。

如果您也在亚马逊购物的话应该知道，它的自动销售功能（包括推荐功能和搜索联动广告功能在内），已经完成了日新月异的进化。

另一方面，大家都知道谷歌正在开发超越人脑的人工智能。关于谷歌正秘密进行的"谷歌 X"计划，从谷歌陆陆续续吞并了世界上许多人工智能开发公司这一点，我们也能稍微窥探出它的真貌。

关于由这两种现象所得出的未来，你会怎么想呢？

如果是我，我就会想到未来人工智能将会超越人类智能。美国的未来学家雷蒙德·科兹威尔（Ray Kurzweil）把这个变化称作"奇点"（当人工智能超越了人类智能之后，人类的存在意义和社会的存在方式都会发生巨大变化的时期），相关内容还在 NHK 的特别节目里播出过。到了那个社会，人类能做些什么呢？一旦这样想之后，我们就会更想看有关的书籍了。

关于未来没有正确答案，谁都不知道未来是什么样的。

就像之前现代 Windows 图形用户界面（GUI）之父阿伦·凯（Alan kay）曾说过的那样："预测未来的最好方法，就是自己动手把它创造出来。"你有没有开始想要动手做的事情呢？

阅读训练七：如何阅读纯文学书籍

虽然如此，但我并没有因为受到了学长书架上的书的影响，就开始持续不断地看书。

我在 Recruit 公司时从事营销这一块，所以必要时会读一些和工作有关的书籍。但是，每本书我都只用 20~30 分钟左右进行快速阅读，只把看起来像是关键部分的地方记住，假装自己好像熟读了全书一样。

虽然出于工作需要有时候会读书，但我的读书态度和那些为了提高教养以及为了让人生更加丰富多彩而读书的人的态度截然不同。

30 岁的时候，因为工作的关系，我和某个出版代理公司的老板在银座喝酒，那个老板突然顺口说了这样一句话："话说回来，藤原老弟，你有读纯文学吗？"

当时，说实话，我连"纯文学"这个词的意思都不知道。我知道这大概是文学作品的一种，但是我完全不知道这指的是哪一种作品。

对没有读书习惯，为了应付考试只学了文学史的年轻人来说，说到文学脑海中就只会出现跳出赫尔曼·黑塞、夏目漱石、太宰治的名字。

我当时想着我只能靠感觉应付过去了。我没有问他"纯文学是什么样的文学作品"，而是反问道："您指的是谁的作品呢？""我想想啊，现在的话，就是宫本辉、连城三纪彦之类的作家的作品吧。"

虽然感觉这几个作家的名字我好像听过，但他们的作品我肯定是没读过的。于是我就一边笑一边说着连借口都算不上的话，打算蒙混过关。

"哎呀，因为是做营销呀，为了调查客户的资料和制订计划，我最多也就会看一些商业类书籍，以便参考，实在是很少有机会去看那方面的作品呀。"

老板听罢变得一本正经，严词说道："如果不读纯文学，作为一个人你就无法成长。"

这时没读过纯文学的愧疚感都被我抛在一边，对他这种像是妄下定论的说辞我感到非常不爽。

被别人说成"作为人无法成长"什么的,我还是挺不舒服的,再加上那个老板人也确实挺有趣的,于是我第二天就跑去银座的旭屋书店。我从书架上随手挑了本宫本辉的《青春凋谢》(文艺春秋)和连城三纪彦的《情书》(新潮社),立马开始读了起来。

我觉得这两本书也没啥,就是特别有趣。读的时候我完全没有在意所谓纯文学究竟是什么,而是把读书当成一项娱乐沉迷其中。因为在此之前我从未知道还有"和现代社会联系在一起的小说"的存在。

以此为契机我被宫本辉和连城三纪彦先生的作品的魅力所吸引,把书架上放着的所有作品都读了一遍。纯文学生动地描绘了现代人的内心世界。

自那以来,我开始专门选择同一个作家的作品来通读。这样看着看着,我就感觉自己能和那个作家共享一个大脑。虽说是小说,但我渐渐感觉通过那个作品我能够看到这些主人公独有的对人生和社会的思考方式。

后来我去图书馆借书，一次性能借多少就借多少，然后把这些书都堆在书桌上，一本一本地读。在读完宫本辉和连城三纪彦先生的作品之后，我相继读了重松清先生、藤泽周先生、岛田雅彦先生以及宫部美雪女士的作品。

要说谁的书读起来比较沉重，就要属高桥和巳先生了。他的《邪宗门》（河出书房新社）等作品通过讲述宗教话题挖掘出了人类本质中所包含的丑陋的部分。虽然行文读起来令人焦急，但我能读这样有分量的作品，说明了我这方面的积累也在慢慢变多吧。

现在我终于知道当时我为什么会看书看得如此忘我。因为通过这些作品，我感受到了现代社会的气氛。不，虽然感受得到那种气氛，但我却对无法将它用语言表达出来的自己而感到火大。因此对于能将这些气氛用语言表达出来的作品，我非常尊敬。无论是哪一本书，都将每个现代人所抱有的烦恼和不合理的东西给展现了出来。

在选择作家的时候，我基本上没有过多的要求。

一般就是靠自己的直觉来选，或是选择那些有登在杂志或是报纸上的书评的书籍的作者。在这期间，我还遇见了传说中的编辑——松冈正刚先生。松冈正刚先生的脑子里装了数万本书，于是我把他提到过的作家的名字都记了下来，立马把他们的作品买来读，就这样一直记了买，买了读地重复着。不过因为当时我才刚刚养成读书的习惯，所以也不好说自己能不能读得透彻。

第三章

第二个七天阅读训练

阅读是易事，思索是难事，但两者缺一，便全无用处。

——富兰克林

阅读训练八：如何阅读经典名著

我曾经是一个不读书的孩子。

让我变成一个不读书的孩子的契机，我想应该是小学五六年级和初中的时候学校指定我们看的课外读物。

这些课外读物中就包括了赫尔曼·黑塞（Hermann Hesse）的《在轮下》（*Unterm Rad*）和儒勒·列那尔（Jules Renard）的《胡萝卜须》（*Poil de Carotte*）。虽然这两本书是学校的指定读物，但我根本不能理解它们到底有趣在哪儿。为什么我非得读这么沉重的故事？当时我真是打心眼儿里生气。

直到如今我都不觉得这两本书好看。我甚至觉得我10多岁和20多岁的时候之所以没有养成读书习惯，就是在于看了这两本书。

这事儿说来羞愧，所以我一直没跟别人提起过。再怎么不济它们也是能成为学校指定的课外读物的"名著"，可能只是我的理解能力太差了吧。但当我下定决心把这件事告诉别人之后,这个心头重负也完全消释了。

那个"别人",名叫赤木干子。

她既是儿童文学评论家,同时也是能够和已故的吉本隆明先生争论得不相上下的读书家。

当时和立田中学的图书馆要进行改建,我请她作为总指挥来我们这里帮忙,第一天开完会后我和她去喝酒,之后我把我的心事说了出来。而赤木女士是这样对我说的:"确实如此啊。那种书,一点儿意思也没有。"

实际上,我让我儿子读书的时候也是这样想的。有时候我还会把他想看的书抛在一边,强行让他看我觉得深受感动的书籍。做父母的特别想让孩子看那些"有教育意义的书籍"或是"世界有名的作品"。然而有时情况则与父母的期待相反,这些书轻易就被孩子们给抛弃了。

从这些经验中我们可以知道,孩子们判断书籍有趣的标准在于他们能不能将自身投射于书籍的世界中。所以我并不是说名著全部都不好，只是我没办法进入这两本名著中的世界中去而已。

虽然感觉很对不起"名著们"，但是并不是说让幼儿期的孩子一个劲儿地看名著就能让他养成读书习惯。具体情况因人而异，甚至还有可能出现跟我一样讨厌读书的孩子。

因为第一印象而决定了之后的人生道路，像这样的事情是非常常见的。令人惋惜的是，我就是这样被绊倒在了前往读书的第一扇门那里。

阅读训练九：创造开始阅读的契机

从小学到高三毕业，我都是作为一个完全不读书的孩子长大的。为此，在大学入学的语文考试的时候我吃了不少苦头。上了大学之后，我依旧和以前一样不读书。

第一次有连续看书的经验是在我大三的时候。受到了某位学长的感化之后,有几本书我看得如饥似渴。

我有一个在管理系研讨会里认识的学长,他被某管理咨询公司雇用,从事雅马哈的经营指导工作。说到大学生,比较常见的打扮就是POLO衫+棉裤或T恤衫+牛仔裤,然后大多数人都是背着帆布的双肩包。在这样的大环境下,他总是身穿细条纹的双排纽扣西装,提着公文包飒爽地来到研讨会的教室。他总是这么帅气,我单纯地对他的身影感到向往。

学长住在元麻布的一居公寓里,有一天他问我要不要去他那里玩,我便乐呵呵地去了。

他当时还给晓星中学的学弟当法语家教,因为我那天去得太早了,他的法语课还没讲完。

"你等我一会儿。"

说是让我等,但是我当时无所事事也不知道做些什么。一眼看过去,我看到一个非常讲究又漂亮的沙发。我啥也没想就往那沙发上一坐,随后便被旁边的书架吸引了注意力。

因为我也没有读书的习惯，所以对书架里的书并不是很感兴趣。只不过作为学长的小迷弟，我比较好奇他是如何身为一名学生，却能把自己打扮得跟一个大公司的咨询顾问一样的。

"学长平时都看些什么书呢？"

出于好奇我看了一眼书架，眼前是各种各样的商业书籍。

我把那些书从书架里拉出来，把它们的书名都记了下来。我认为这是我对学长的向往驱使我这样做的。直到现在我还记得的，是以下三本书。

《彼得定律》(*The Peter Principle*)（劳伦斯·彼得、雷蒙德·赫尔著，钻石社）

《Power！企业中的权力》(迈克尔·柯达著，德间书店)

《I'm OK You're OK：幸福的关系与破碎的关系》【托马斯·A.哈里斯著，同文书院（绝版）】

和商业书籍的"相遇"极具冲击性。在大学管理学的课堂上所无法体会到的商业现场中所发生的事，在书中都被描写得栩栩如生，令人茅塞顿开。

这三本我当时读得认真到可以背出书本的内容。尤其是《彼得定律》，对20~30岁之间的作为公司职员的我起到了很大影响作用。

如果用一句话概括这本书的主旨，就是警告你：如果沉醉于晋升，你会越来越无能。单凭"做到这样就能晋升"的逻辑一路往上爬的话，你就会变得越来越"废柴"。如果用书里的话来说，如果不能表现出"创造性无能"，那么随着职位变高你的工作能力就会越来越差，最终变成和原来的自己相差甚远的空虚的存在。这就是团体组织和工作之间的矛盾的真相。

我在自己的出道作品《处世之道》中，提倡在团体组织中用自我营业的感觉来工作的"企业内个人"和"组织内个人"的思考方式，而其基础就是《彼得定律》。

甚至可以说这本书决定了作为商业人士的我的后半生。

因为对这本书产生了巨大共鸣，所以我在进入 Recruit 公司之后，还会在各种各样的场合引用和介绍这本《彼得定律》。结果，钻石社甚至让当时已经绝版的《彼得定律》再次出版了。

现在如果再读一遍这本书，它的用词有点过时这点我无法否定，但书中的内容本身还是可以通用的。

和这本改变了我人生的书的相遇，驱使我想要"快点在商业的世界中闯荡"。实际上，当时我没能等到求职活动正式开始的大四，在大三那一年的秋天就开始向各个公司投简历。

结果，我满足了我想要尽早做生意的需求，让我拿着名片穿着西装打工的Recruit公司开始了我毕业后的工作人生。

阅读训练十：生命赐予我与书面对面的时间

在我发现了纯文学作品的宝贵之处的这段时间，我正在负责Recruit公司的信息网络部的部署。有一次，我负责张罗部门的庆功宴。

我让部门的全体员工都带着泳衣来上班,傍晚到东京王子大酒店的泳池集合。我们一边拿着大啤酒杯,一边在泳池边上玩乐,有时则跳入泳池中。这样玩了一阵子之后,大家再分开乘坐的士去涉谷包下了一家带泳池的时尚酒店,订了寿司的外卖在那儿开了一场聚会。

大玩一通之后的第二天,在家里的床上翻个身我都感觉天花板在旋转。因为我之前也宿醉过好多次了,所以我马上就发现这一次不仅仅是宿醉这么简单。我很难受地坐在厕所里一动不动,在我站起来的瞬间又感觉天旋地转。

"这是老天爷给我的惩罚吗?"

每当我站起来或是摇头时,就感觉自己看到的景象正在旋转。我想终于我的脑袋也不清醒了。人类有自动矫正看东西的姿势的习性,所以当图像旋转之后,有时候下一秒我就直接摔倒在地上。之后我听说,如果症状再严重些的话,甚至会产生道路是扭曲的,高楼大厦向自己倒来的幻觉。

我马上就去了医院,但是检查之后也没能查出病因。

"您也许是太疲劳了,我先给您开点维生素吧。"

我只得到了这样的诊断。但是,人如果不知道病名就会更加不安。我用了一个多星期去了好几家医院,却也只得到了同样的结果。

"那个是不是要去耳鼻喉科看的?"

听从了某人的建议,我请医院的耳鼻喉科大夫看了后:"啊,是感到头晕目眩吗?那么请您每天都来医院,我要给您打针。"医生马上就做出了答复。好像是在三个半规管(半规管是维持姿势和平衡有关的内耳感受装置,是内耳的组成部分)附近打麻醉针。随后我的头就不晕了。我这个病是一种叫作梅尼埃病的疑难杂症。

结果这个病的后遗症困扰了我五年,之后我去欧洲进行压力释放才痊愈。但是自从我得了梅尼埃病,每次出去应酬经常只有我一个人工作到一半就直接回家了。因为如果应酬的时间长了,我的头又会开始晕了。所以那段时间我都是晚上九点或十点就回家了。

紧接着又发生了 Recruit 事件①，当时出台了禁止用打高尔夫作为应酬的禁令，我以此为契机直接告别了高尔夫这项运动。如果一个公司职员既不用负责应酬也不用去打高尔夫，他就能空余出不少时间。

生病和公司的变故为我创造出了读书时间。如果没有生这场病，我每天就会以繁重的事务为代价在出人头地的道路上突飞猛进吧。通过这场病，使我走上了完全不一样的人生道路。

埋头于工作的那段时间也还蛮充实的，但生病后我终于知道了享受读书也不失为人生一乐，而这种乐趣在工作中是找不到的。

---

① Recruit 事件：指利库路特贿赂案。1989 年 2 月 13 日，日本东京检察当局以行贿嫌疑犯的罪名逮捕了利库路特集团前董事长江副浩正，从而为查清日本战后最大的贿赂案之一的利库路特案件打开了缺口。

阅读训练十一：如何阅读，创造出自己的意见

不管契机如何，因为能有充足的读书时间，我的内心发生了巨大的变化。我认为"读书是为了创造出自己的意见"。

患上梅尼埃症之前的我，也因为自己的业绩比别人好，所以相当自以为是。在销售方面我认为应该这样做的事情，哪怕对方是客户我也会很强硬地表达我的观点。哪怕是涉及数亿日元的高额项目，我也认定自己的提案会通过，事实上确实通过了很多次。

即便如此，"作为一个营销人员是有才能的"和"对社会有自己的看法"又是不同次元的事情了。比如，我们很容易就能看出以下两种意见的侧重点完全不同。

"对于这个项目，我想要这样做。"

"从社会整体的动向来看，这样做的话不是会更好吗？"

其实，我面对能像后者那样表达意见的人有很强烈的自卑感。虽然以前我不知道为什么自己会感到自卑，但现在我可以诚实地说是因为我没有教养。

仓田学先生是我在Recruit公司的同事。他一手创办了包括《From A》《AB-ROAD》《道路》《练与学》《这不是有吗》在内的成为Recruit公司顶梁柱的信息杂志，是Recruit公司传说中的主编。

从仓田先生那里，我得到了对我影响极大的一句话——我这个人啊，根本不想和那些不读书的人交往。

仓田先生在会议上所发表的意见，总是能紧紧贴合社会的动向，这很令人信服。尤其在Recruit事件之后，面临严峻考验的公司应该如何行动，又要如何用语言将其表达出来，能逻辑性地回答这两个问题的绝大多数人都是像仓田先生那样的在编辑领域的人。

但我却没有像他们那样的意见。当时的我既不知道何谓"批判性思考"（critical thinking），身上也不具备任何具有批判性精神的要素。所以面对做编辑的这一类人，我抱有强烈的自卑感。

为了消除这个自卑感,我认为自己有必要扩大自己的见识。但并不是说看一本书就能立即生效,所谓见识是需要积累的。只要见识的积累量没有超过一定的刻度,是没有办法创造出自己的意见的。

我想说的就是,如果你想要改变自己,就必须通过读书来增长自己的见识。

阅读训练十二:如何阅读,轻松进入别人的话题

我33岁的时候,上头突然说要把"Recruit出版"这个子公司给关了。Recruit出版是一个低调的出版社,出版与就业和升学相关的书籍。

当时身为媒体设计中心部长的我,向高层领导请示能不能把这个子公司交给我负责,我打算让它脱胎换骨。用

当时流行的话来说，就是让它转型为多媒体型的出版社。我的目的是通过这次转型，让公司出版大众漫画和游戏软件。

我把公司名取为"Media Factory"，第一年，把25本新刊分为5个系列进行出版的提案得到了认可，其中包括了Media Factory的中心力量——漫画散文。

蜷川内荣子女士的《赤裸裸的结婚生活》和《战斗的新娘》之后成了出版社最大的收入来源，这是她的《我们这一家》大红的两年前的事情了。

另一个成就是我们提拔了中谷彰宏先生。

中谷先生在钻石社出版的《面试高手》虽然成为大热门的畅销书，但在写散文这方面他是一个彻头彻尾的新人。我甚至还做出了把这位中谷先生所写的"工作与恋爱与人生的一句话系列"的书以10本为单位，在一起精装出版的荒唐事。

虽说如此，但自我创业起的三年间，从结果上看是赤字累累。首先刚刚创业就想让事业走上正轨就很难了，再加上"我作为出版社的经营者,却是一个完全不了解书的外行人"——现在我每当想起以前的做法就会面红耳赤。比如,当时哪怕我和作家或和编辑们商量策划的事情,也基本上说不到一块儿去。因为我根本跟不上他们说话的思维逻辑。

以成为 Media Factory 的经营者为契机,我为了让自己能与作家和编辑们正常沟通,要求自己每年看一百本以上的书。虽然开窍得比较迟,但从这会儿开始,我才真正走上了读书之路。

我还渐渐开始看之前敬而远之的"芥川奖"和"直木奖"的获奖作品。就连那些比较难懂的书和以前不想看的哲学类书籍,我都会要求自己看(虽然只是挑着看)。说是为了能与作家和编辑沟通,感觉在动机上有点不纯,但总之我还是养成了一年看一百本书的习惯。

虽然我的读书风格是广泛大量地阅读,但如果在满员的电车上发现了动人心弦的句子,我就会直接在书本上标记,然后再让秘书记录在文字处理机(当时)上,这让我成功地从书本的世界中获得了不少积累。

阅读训练十三：如何阅读，建立未来规划

其实刚开始经营 Media Factory 的时候，我对未来的自己感到有些焦急。

"如果这样下去的话，哪怕到了四十多岁我还是没有自己的见解。"

"我不知道自己应该追求的目标是什么。"

我在做生意的时候，如果别人给我提供了一个问题，我很擅长于高速地处理问题，说服客人，排除困难。但是如果让我自己把世间的东西都分析透彻，在此之上独立确定自己的立场，也就是所谓的"人生战略性"，我会挺担心自己的。

可是，当读书渐渐变成了我生活的一部分，我的内心

发生了某种变化——我变得能看到"人生鸟瞰图"了。

当然了，我不是为了获得人生鸟瞰图才读书的。只是从结果上说，通过读书，我的大脑和越来越多的人的大脑碎片相结合，鸟瞰图才出现的，这个说法比较正确。

每个人都在某个地方有所欠缺，但是许多人不知道那个自己所欠缺的部分到底是什么。如果在现实社会中，我们只是得过且过地活着的话，是很难注意到的。

要怎么做才能注意到那个自己所欠缺的部分呢？这个问题的答案就在书本之中。

通过读书，我们能够获得各种各样的人的观点。也就是说，我们可以进行一场大型的角色扮演游戏。通过反复的模拟练习，我们就渐渐地能看到人生鸟瞰图了。

如果你只从地平面对人生进行观察的话，就只能看到自己正在走的那一条路；与此相对，如果你能获得人生鸟瞰图的视野，应该还能看到在原先的路旁边的另一条路吧。

我在自己的畅销书《坡上的坡》（Poplar社）中详细

地介绍过,"人生的大山可不止一座"。人生不是把自己的后半生想象成从唯一的一座大山上下来,而是要翻山越岭,不断地上山、下山,直到生命结束为止,我们都要不断在脑内创造各种各样的山。

但是,要想在人生的后半段创造出连绵不绝的山峦,就必须从人生的前半段或中间开始,提前在靠事业攀登上的主峰下创造一片原野。

为了开垦那片原野,我们必须在25~55岁的30年间,在职场外的团体组织中,左二个、右二个地创造自己的立足之处。无论是地区社会团体、男性铁路宅(铁路爱好者)团体、研究者团体,还是兴趣爱好各不相同的团体——羽毛球也好,单簧管也好,围棋也好,全都OK。

无论是谁,只要花上10000个小时埋头苦干,山也会有相应的形状。也就是说,能够在团体组织中确保自己的落脚点,说是10000个小时,其实就差不多是让你花个5~10年的时间。

并且,一边以工作为主轴,一边积累与工作之外的团体的交流是很重要的。在后半生,如果你想让自己的人生大山变得更大的话,就必须要增加与外界的交流;要想让大山的环境变得更好的话,还需要提高交流的质量。

要想让团体内的交流变得充实起来,读书也是非常有效的。

所以我的观点是,我们不能单单在公司或是政府机关之中过着一成不变的生活,而是要参加各种各样的团体拓宽自己的人生轨道。如果你没有像这样的人生鸟瞰图,在组织内部稍微发生一点小事你就会被逼上绝路,无法脱离视野狭窄的危机。

对于视野狭窄的人来说,如果之前一直能看到的救命稻草突然从眼前消失的话,他们有时还会产生无计可施,万事休矣的错觉;甚至还有一些极端的人选择了自杀。另一方面,如果我们能够看到人生鸟瞰图,无论是改变战略还是寻找退路都能够有用。

我虽然因为患上梅尼埃症不得不从名为"公司"的人生主轴中暂时撤退,但也通过阅读量的积累获得了人生鸟瞰图，心中多了一份"反正生病了，从商业最前线上撤退也没关系"的从容心态。

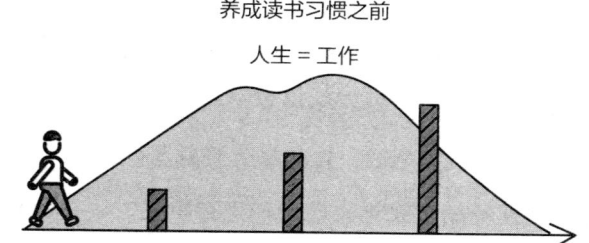

只有工作这一条路，无路可退，不得不不断地翻越一堵又一堵的墙

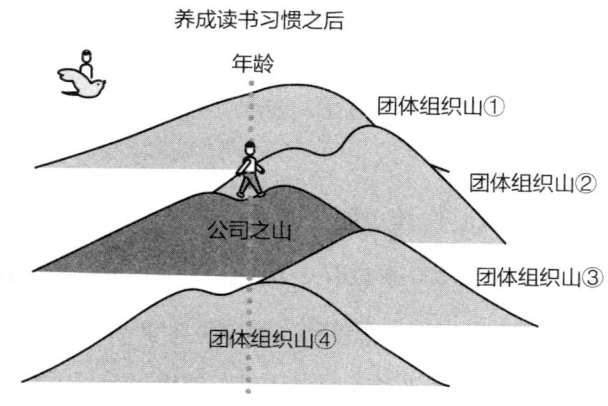

在复数的山（新的角度）上行走，能够获得更好的视野

图7 通过读书获得人生鸟瞰图

阅读训练十四：量变带来质变，突破 300 本书籍

一年读 100 本的话三年就是 300 本。我记得当我读完 300 本书后，我脑中的语言多得要溢出来似的。接触了世间的各种事情和现象之后，自己也总想说点什么。

随后我便开始试着将自己的拙见写出来。一开始只不过是两三行的笔记，不久之后开始能写出 1000 字左右（差不多能写满一张 A4 纸）的杂文了。照现在的话说就跟写博客差不多。

教育学者齐藤孝老师曾说过："读书就如沐浴在文字之中一样，当读书超过了一定量之后，它就会变成我们写文章的契机。"

我的真实体验也能证明这个观点。哪怕一本书只有 200 页，读了 300 本也有 6 万页在里面。假设一页纸上有 600 个字，读 300 本书就相当于沐浴在 3600 万字之中。

虽然没有被人拜托但我还是不停地写，写了有接近 70

篇的随笔。我把它们整合在一起，并将其命名为《生活设计革命》，把它们简易地装订在一起，印了100本。

随后，作为伦敦商学院的客座研究生，我准备和家人一起去伦敦，在这之前，我把这本书分发给了我的同僚、部下和朋友，拜托他们读完后写下自己的感想，然后再把这本书交给别的朋友，让这些书"漂流"起来。

因为我用的是A4纸，在正文旁边有很多空白部分，所以用来写感想的空间是足够的。我听松冈正刚先生说，以前大家都是像这样把感想和意见像写连歌①一样写得老长老长，然后互相传看，我就想学习学习古人的智慧。

结束了在欧洲2年4个月的生活回到日本后，这本书辗转18人之手，回到了我的手里。我在Recruit公司的宣传部时的部下小川朝子女士先把书给了自己的老公和父亲，然后给了她的16个同事看，细心地交代他们写上自己的意

---

① 连歌，指日本六艺中的连和歌，众多诗人坐在一起写诗歌的一种活动。一人起头写和歌的上一句，下一人接写下句，再下一人接写上句，这样众人以此类推，应和成诗。

见，书评越来越多。我根本没想过这本书还能回到我的手上来，因此十分感动。

其实我的出道作《处世之道》的七成都是取自于这本《生活设计革命》的原稿，剩下的就是我在欧洲生活期间所写的东西。《生活设计革命》能在新潮社出版，就是因为跟我同年代的编辑寺岛哲也先生非常喜欢这个故事。

《处世之道》是在山一证券和北海道拓殖银行相继倒闭的1997年末出版的，书中介绍了不单单投身于公司之中的独立生意人的生活方式，获得了大众的好评。

尽管日本的泡沫经济破裂，经济走向萧条，但我却选择辞去工作，成为Recruit公司第一个"研究员（客邀职员）"，可能读者们就是想读读像我这样奇特的作者的书吧。也可能他们是出于好奇，好奇当时40岁的我，有3个孩子，一个6岁，一个2岁，一个还未满1周岁，究竟为什么会在正需要钱的时候选择辞职。

总而言之，我的出道作十分畅销。自此以来，我接连出版了许多本塑造新时代生意人形象的作品。

第四章

第三个七天阅读训练

我的工作就是阅读,读一切可读之物。

——巴菲特

阅读训练十五：如何阅读，实现"信息处理能力"和"信息综合能力"的转换

信息综合能力指的是把要素组合在一起使它们产生价值的能力，换个词来形容的话就是"组合能力"，英语表达为"Imaginative Problem Solving Skills"。

通常来说，在工作一线有70%以上的业务员和公务员在做信息处理方面的工作。哪怕是最先进的IT企业，除去最开始的策划阶段，编程本身就可以说是一种信息处理型的工作。可能还有人每天工作的90%都一直在做信息处理型的工作。

税务师、会计和律师的工作内容也是这样。教师的工作也是向学生们灌输"正确答案"和"得出正确答案的方法"，因此教师要在"快速且准确地把正确答案教给别人"这一信息处理型工作上花费大量时间。

如果养成了这个习惯，在你进行策划、灵活管理、考

虑人生的那一步棋怎么走、育儿等之类的需要创造性思维的时候，很容易在不知不觉中以正解至上主义的思维模式处理问题，导致结果不尽人意。

重要的是大脑中"信息处理能力"和"信息综合能力"的转换。

"进行大脑转换"以前指的是从 on 转换到 off 的状态，今后从"信息处理能力"到"信息综合能力"的转换会变得重要起来。当面对正解不止一个的问题时，我们有必要从"寻求正确答案的大脑"转换到"推导出自我认同的答案的大脑"。

话又说回来，虽然今后信息综合能力会越来越重要，但信息处理能力和信息综合能力都是必不可少的。

因此，从教育的角度来看，在孩子的发育阶段培养信息处理能力和信息综合能力时必须调整比例，让这两种能力得到平衡发展。

比如说，小学的话就可以培养 90% 的信息处理能力，10% 的信息综合能力，这样做的目的在于首先让孩子们获得"基础学习能力"。初中则会把信息处理能力，如背诵能力等降低到70%，把剩下的30%用在诸如辩论、课题研究、实验和实证等没有固定答案的问题上，让孩子们开始培养信息综合能力。高中则是五五开，大学让学生集中90%的精力于培养信息综合能力。照着这个进展，如果能在大学毕业的就业时期具备信息综合方面的技能就再好不过了。

先进企业进行人才招募之际，在鉴定应聘者的资质时，也渐渐开始重视他们的信息综合能力了。

其标志之一就是以天才云集而闻名的谷歌公司的面试。谷歌公司的面试非常独特，听说以前还出过这样的问题："如果把高尔夫球装进校车里，大概能装多少个高尔夫球进去呢？"

对于这个问题，谷歌公司所寻求的答案并不止一个。用极其复杂的公式从物理学角度进行证明的人可以合格，另一方面，听说得出类似"因为坐在校车上的孩子会把装进来的球给丢到外面去，所以一个都装不下"这样具有文学色彩的答案的人也会被录用。

这里的重点在于，每个人运用自己的知识和经验，面对问题，在短时间内给出令人信服的答案。我认为从这个典型例子中我们可以知道，这个面试考验的不仅仅是大脑的运转速度（大脑的信息处理），还有大脑的灵活程度（大脑的信息综合）。

泡沫经济破碎之后的日本社会，我们会发现能够灵活运用自己的能力的人，都是那些思维敏捷、有很强的信息综合能力的人。比起背下来的知识，自身的智慧发挥了更大的作用；相比在组织里工作的人来说，运用关系网工作的人的周围自然而然会有很多伙伴聚集起来，因此可以取得更好的成果。

那么应该怎样做才能提高自己的信息综合能力呢？我认为要想提高信息综合能力，需要磨炼以下的五种能力和一种技能。

阅读训练十六：如何阅读，提高沟通能力

这五种能力中的第一种就是"交流能力"（通过与和自己持有不同意见的人进行交流让自身成长的能力），英语表达是"Communication Skills"。

首先，理所当然，听一听和读一读，把信息输入的能力是很重要的，如果用学校科目来代替，就相当于语文和英语。

但是哪怕作为培养信息处理能力的语文和英语课程的成绩很好，如果我们不能在这个基础之上提高交流能力的话，是没有办法提高信息综合能力的。

虽然交流说的是把意见传达给对方，但倾听也是尤为重要的。通过倾听别人，可以让自己的观点得到升华，与对方产生共鸣。如果没有高超的倾听技巧，我们就不会和他人的大脑相结合，就不能把自己的意见传达给对方。

因此，首先要乖乖听别人说话。看着对方的眼睛，时

不时地点头与应和。只要对方说话时感觉很轻松，那么他们对我们的信任感也会增强。无论是谁，都会想要把新的信息或是珍藏在自己大脑里的话题告诉自己信任的人，这样，我们就可以更轻易地获得有价值的信息。

我们可以通过阅读培养倾听能力。

无论是哪种书都要老老实实地试着接触，抛开成见进行"滥读"很重要。和他人"闲聊"中所必需的各个领域的基础知识，都可以通过读书来增加。

阅读训练十七：如何阅读，提高逻辑思维能力

第二种必需的能力就是"逻辑思维能力"（在对常识和前提进行怀疑的同时还要灵活地进行'复眼思考'的能力），英语表达为"Reasoning Skills"。

在成熟型社会中，我们需要和有着各种各样价值观的

人共存。为了共存,不仅要理解对方得出的答案,还要让对方理解我们得出的答案。为此我们需要具备逻辑思维能力。

首先,在各种各样的价值观共存的社会中,为了找到属于自己的价值轨道,我们就必须要拥有自己的法则,想办法让自己被社会所接纳。为此,对各种各样的事物和现象进行逻辑分析的能力是必不可少的。

这个能力相当于学校的数学课。只不过,不同于以往的那种正确而迅速地得出正解的能力,逻辑思维能力是一种用于想出各种各样的"假说"的能力。

要想养成逻辑思维能力,应从时刻在意自己的行动和思考是否合乎逻辑开始做起。对某一主题抱有自己的想法,通过和他人进行辩论,阐述道理并说明自己的想法,渐渐就能拥有逻辑思维能力。

其次,试着以对方的逻辑思考问题也是十分有效的。不是一味地主张自己的意见,而是接受对方所说的,并且理解它,从而使自己的意见得到"进化",这是一种锻炼逻辑思维能力的练习。

读书也有助于此类训练。因为读书就是连续不断地努力去理解作者逻辑的行为。举个例子，如果你读了大前研一先生的书，你不仅能够学到大前先生对于某种现象的逻辑思考方法，就连逻辑的拓展方法和分析手法都能学习到。

只要学习作者的逻辑思维，且不断努力编织属于自己的观点，就能提高逻辑思维能力。

阅读训练十八：如何阅读，提高模拟演练能力

第三种必备的能力是"模拟演练能力"（在脑内制作模型，在反复试验的同时进行类比推理的能力），用英语表达是"Simulation Skills"。

这个能力相当于学校的自然科学课。

自然科学课离不开实验。所谓实验就是指确认被构建

起来的假说和原有的理论能否运用到实际当中去，或是在各种各样的条件下对那些以现有理论难以预测的对象进行分析的过程。

模拟演练能力与此相似，是一种在脑内制作模型，在反复实验的同时进行类比推理的能力。

要想体会并获得模拟演练能力，就要养成时刻对未来的事情进行预测之后再行动的习惯。

那些对日常的小事预测得特别准的人，一般只会被人想成"直觉灵敏""运气好"，就没下文了，而我并不这么想，我认为这一类人的模拟演练能力很高。因为模拟演练进行得越是充分，预测准确的可能性就会越高。

如果你也想变成这样的人，就要时刻想着"如果发生了这件事，接下来会怎样呢""如果他可能会让我那样做，我是不是把这件事提前做了更好呢"之类的事情，养成一边预想未来一边采取行动的习惯。

也就是说，要对未来进行预测后再采取行动。或者，预测现在正热议的现象后续的展开，把这件事情当成游戏来享受应该也挺不错的。

对此，读书也能派上用场。

自然科学类的书，为我们提供了对多种事物和现象的判断依据。并且我认为喜欢科幻或推理小说的人会把"预测"当成兴趣爱好。

阅读训练十九：如何阅读，提高角色扮演能力

第四种必备能力是"角色扮演能力"（站在他人的立场上，想象他人的思维或想法的能力），英语表达为"Empathic Skills"。

就像过家家和扮英雄游戏一样，通过从别人的角度对社会进行观察，可以提高角色扮演能力。过去的孩子们从幼儿园到小学一二年级的时候，都充分体验了过家家和扮英雄游戏的乐趣。

过家家是很有意义的学习活动。通过扮演母亲的角色，我们可以仔细地观察和了解母亲的职责。同理，通过扮演各种各样的家人角色，有助于我们确认自己在家中处于何种位置。

重要的是，角色扮演有助于我们把名为"社会"的复杂世界在脑中进行整理思考。由此，我们就可以高效地学习社会中他人的职责或能力。因为换位思考可以让我们的大脑和他人的大脑连接在一起。

实际走上社会开始工作之后，我们应该会再次注意到这种角色扮演能力的重要性。对于服务行业，如果不能站在顾客的立场上思考问题，就会忽视很多重要的事情。无论是杂志的编辑，还是电视的导演，如果无法常常假装自己是读者或观众，那应该无法提高杂志的销量或是电视节目的收视率吧。

和这种能力比较相关的学校科目是社会科。但并不是要你记住什么年号或是史实，而是要在学习社会中各式各样的规定和职责的同时，通过站在他人的立场上进行角色扮演，思考"如果是政治家的话会如何思考""如果是企业的经营者会如何应对""消费者的需求是什么"等问题，这样可以使我们养成多样且灵活的思考习惯。

如果能从别人的角度观察事物的话，世界观也会扩大。如果世界观扩大了，思考习惯的幅度也会变大，思维也会变得灵活起来。我们还可以把获取他人的观点称作一种"成为大人的技巧"。

对此，读书是再适合不过了。

优质的非小说类文学作品或传记可以让我们体验他人的人生。

我认为通过读书获得某些事件或是历史重要人物的想法和观点的体验，是最适合磨炼角色扮演能力的教科书。

比如说有一本叫作《面容复原师》（笹原留似子著，白杨社）的纪实文学作品记录了一名女性入殓师自愿为日本"3·11"地震中被陆陆续续抬进殡仪馆的3000名遇难者的遗体进行面容复原的故事。一般人本来是没有办法有此类经历的，但是通过阅读此书，我们可以对当时作者所处环境的状况和周围的人们的情感进行虚拟体验。

如果能够亲身体验世间各种各样的事情,那么人生一定非常有趣吧。但是,一个人一生的时间是有限的——因为这个很重要所以我要多说几遍。在这样有限的时间内,我们可以通过读书来虚拟体验各种各样的人生。

阅读训练二十:如何阅读,提高演讲能力

最后一种必备的能力是"表达能力"(把想法分享给对方的表达技巧),英语表达为"Presentation Skills"。

通过表达能力我们可以把信息和印象输入脑内,运用模拟演练和角色扮演能力,设立想象力丰富的"假说"。为了说服与自己有着不同思考方式的人,对假说进行逻辑分析的能力是必不可少的。但是,单凭逻辑说明可能无法让对方理解我们。

无论这个想法有多么宝贵，只要对方无法理解，它的价值就会大打折扣。在表达自己的意见时不仅仅要依靠于逻辑，还要绘声绘色，这样才能影响对方，进而打动对方。

在各种各样的意见能够共存的成熟型社会中，将自己的意见表达得简单易懂是一项必须具备的技能。

这个技能相当于学校的所有实用技术学科。包括音乐、美术、体育、生活技能课在内的实用技术学科都是可以表达自身情感和想法的学科。

体育是对身体素质的表达；美术是通过绘画、雕刻、设计来表达自我，音乐也是通过声音或旋律来自我表达。就连生活技能课都是通过料理、衣服、手工制品来表达自己脑海中的想法的。

表达能力也指把自己的大脑碎片"连接"到对方的脑上。让自己的想法和感受尽可能坦率、简单而又正确地传达给对方的技能很重要。

这时候重要的是，首先要对"他人"进行想象，然后要理解那个"他人"是以异于自己的世界观而生活在世上的。

在表达意见时先假想对方的大脑中有一个和自己不一样的放映室,因此,要想表达清楚就必须要放映出对方看得懂的影像。

比如,对于脑内只有 A 与 B 的影像的一个人来说,一下子把 C 的影像告诉他,他也没法理解。在这种时候,重要的是要找到能让对方理解 C 的影像的替代品。

也就是说,在表达某种意见的时候,我们需要有把多种印象整合在一起表达出来的能力。碰到脑子里只有 A 和 B 的影像的人,如果能把与 A、B 有关联(这样对方会抱有亲近感)的要素组合在一起表达出 C 的影像,对方能够理解的概率也会变高吧。

这个时候的重点在于,你之前接触的大脑碎片的数量。如果接触的他人的大脑碎片越多,相应地就能够更加丰富地展示出自己脑内的影像组合的产物。

这种必备的表达能力也能通过读书来养成。因为"表达能力"提高和想象力变得丰富是同一个道理。

众所周知,拥有最多自我表达机会的电视界和游戏界的精英们大都是"乱读（不加选择地广泛阅读）家"。

阅读训练二十一：如何阅读，提高复眼思考能力

为了提高信息综合能力所必备的能力除了以上的五种之外，还需要一个不可忽视的技能。那就是"Critical Thinking"。

如果进行直译的话，"Critical Thinking"可以翻译成"批判性思维"，但并不是指把所有东西都评判一遍。如果净挑骨头的话，只能算是个"天邪鬼"（日本传说中的恶神之名，形容爱故意和别人唱反调，违逆他人言行或想法，性格扭曲的人）罢了。

英语中的"critical"有"本质上的""有鉴赏力的"意思在里面。因此，批判性思维的本质是一种"运用自己的大脑进行思考，持有自己的主观认知"的态度，换

言之就是洞察本质的能力。在此意义上，我将"Critical Thinking"翻译为"复眼思考"。复眼思考指的是不以简单的识别模式来分析事物，而是从多角度对事物进行观察的思考方式。

"难道背后还另有原因？"

"如果从相反的角度观察的话，不就能看到截然不同的事实了吗？"

看电视新闻的时候不能把主持人说过的话囫囵吞枣地听下来，看报纸的时候也不能无条件地接受所有文章的论调，而是要从各种各样的角度进行多面的考察。

各家报社都在出版体育报纸，东京巨人队对大阪阪神队的职业棒球赛结束后的第二天，如果看了报纸你会发现，支持巨人队的体育报和支持阪神队的体育报从标题到内容都截然不同。哪怕比赛结果相同。

会产生这样的情况是因为报社都在采用一种经营策略——通过支持特定的球队，每种体育报可以让那个队伍的粉丝变为自己的忠实读者，因此，不同报纸的论调和切入点都会完全不同。

只要立场变了，同一个事实的表述方法竟然还能相差这么大，从这一点来看还挺有趣的。另一方面，日本新闻协会所规定的《新闻伦理纲领》上则是这样写的：

"报纸是历史的记录者，而记者的任务则是探究真相。报道必须是正确且公正的，不能被记者自身的立场或是信条所左右。评论时不奉承世人，应当贯彻自己的信念。"

日本放送协会和日本民间放送联盟共同规定的《放送伦理基本纲领》中，也包含类似的内容——

"报道必须客观、正确且公平地传达事实；必须竭尽全力确保报道的真实性。"

尽管是这样规定的，但所有媒体上的信息都是经过"某人的想法"的过滤后被发出的。所有的新闻和广播里都设有来自于各种团体及记者个人的名为"特定方针"的过滤器，只有符合那个方针的信息才会被发送给大众。

问题是，受众会坚信报道的内容全都是公正且正确的事实，我们必须认识到，我们在报纸上和电视上看到的东西都有可能是某人出于某种目的所编纂出来的信息。

所以，尽可能地接触到更多的思考方式，拥有属于自己的观点是很重要的。

因为一个意见一定会有与之相对的反论出现，所以应该对其进行反复咀嚼并在此过程中让自己的想法更加完善（进化）。

只有通过保持复眼思考的习惯，我们的思维才会变得厚实起来。反过来说，无法进行复眼思考的人的观点无论怎样修饰都显得肤浅。

通过和拥有多种多样的想法的人交流（倾诉或争论），以及通过读书获得他人的大脑碎片，我们可以使自己的思维得到完善。

在磨炼复眼思考能力方面，读书能够发挥十分重要的作用，这一点我想大家都已经了解了。

第五章

有些能力，只有有效阅读才能获得

> 阅读最大的理由是想摆脱平庸，早一天就多一份人生的精彩；迟一天就多一天平庸的困扰。
>
> ——余秋雨

从今往后的时代中不可或缺的"信息综合能力"

在第二章中我把成长型社会到成熟型社会的转变说成"拼图型思考"到"乐高积木型思考"的转变。我还将这种变化解释为必备技能的变化,也就是说,比起成长型社会一味追求的"信息处理能力",成熟型社会中的必备技能正逐渐转换为"信息综合能力"。

那么,信息处理能力和信息综合能力的区别在哪里?在进行演讲之类的活动时,我都会画出像图8那样的图来进行说明。

所谓信息处理能力,指的就是在世界观固定的情况下玩游戏的时候,最快得出正确答案的能力。

正如我说过的一样,这可以比喻成更快地完成拼图的能力。一块拼图的碎片只有一个属于它的正确位置。人们在乎的是如何快速找到那个正确位置,也就是说,成长型社会需要的是"大脑运转速度"。

因为信息处理能力可以通过考试而得到明确的评估分数，所以它也被叫作"看得见的能力"，用英语表达就是："text book problem solving skills（教科书式问题处理技巧）"。

以往的日本教育是以锻炼信息处理能力为中心的。

比如以《奔跑吧，梅勒斯》为题材的考题中，会出现诸如"归途中的梅勒斯的心情如何？请在以下四个选项中选出最为相近的答案"之类的题目，这就是20世纪的成长型社会的典型考题。

与此相对，21世纪的成熟型社会所需要的是信息综合能力。所谓信息综合能力，就是把自身所具备的知识和技巧相结合，得出"让自己能够认同的答案"的能力。这并不是指去想什么才是正确答案，关键是要自己创造出能让自己信服的答案。

推导出让自己信服的答案，就是像堆乐高积木一样，而不是像玩拼图游戏那样寻找每块拼图零件所对应的位置。

正确答案不止一个，积木的堆积方法有无限种。如果说信息处理能力是"大脑的运转速度"的话，那么信息综合能力就可以说是"大脑的灵活度"。就算以《奔跑吧，梅勒斯》为题材出考题，也不应该让学生们在固定的选项中选择正确答案，而应是以"如果梅勒斯没能赶回来，国王真的会杀了梅勒斯的好朋友吗？请对这点进行讨论"之类的形式，让学生们自己提出假说，进行讨论。

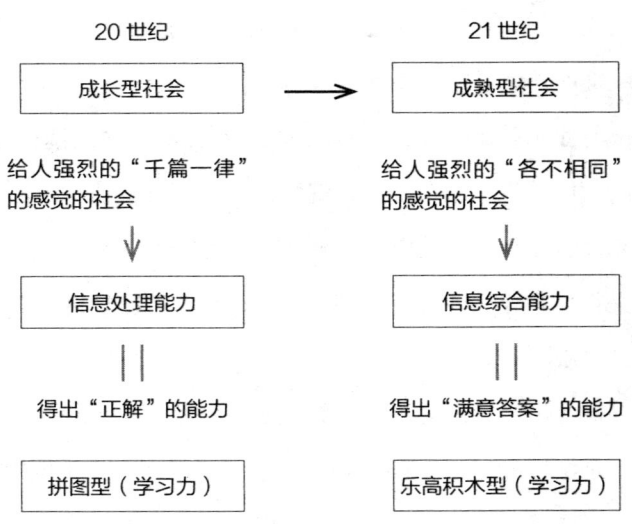

图8 成长型社会向成熟型社会的转折

和标准明确的信息处理能力不同,信息综合能力很难用分数来评估。因此信息综合能力也被称为"看不见的学习力"。

运用信息综合能力激发想象的能力,在现实社会中,可以帮助我们预测国家和社会的将来走向,想象自己的生活和工作会与这样的变化走向产生怎样的联系。

或者像是在考虑类似育儿这样的热议的教育问题时,在商业领域提出一些新商品和新服务形成的点子时,以及在应对客户的不满时,信息综合能力都是不可或缺的。

信息综合能力以灵活而又具有独创性的想法为基础,在成熟型社会中,对想要激发自己的可能性,拥有精彩人生的人来说,它是必不可少的。

因为具备了"信息综合能力",我拿下了大项目

我是在摸索着 Recruit 公司出版的信息杂志有没有什么新的领域的时候,注意到"信息综合能力"的重要性的。

Recruit 公司至今创刊了各种各样的"信息杂志"。

以向高中生、大学生提供就业信息的《Recruit Book》为首,Recruit 公司还创刊了提供有关大学升学信息的《Recruit 升学》等杂志。创始期的 Recruit 公司是一家提供就业和升学信息的公司。

之后我们还发行了提供中途采用(企业不定期进行的人才录用)信息的杂志《Being》;收集了女性就业信息的杂志《工作》;收集了打工信息的杂志《From A》等,进一步扩大了杂志涉及的领域。

Recruit 公司中没有类似策划部的部门,谁都能做新的信息杂志的策划,然后在公司内做展示,如果顺利的话就能拿下这个项目。

所以，我总是想着"有没有什么新领域的信息杂志的点子"，就这样养成了习惯。之后，老板向我提出了这样的要求："车这一块有很大的市场，你看看能不能做点什么。"

于是我便开始认真考虑有关汽车的信息杂志的事情。但并不是那些在报纸上的新车广告信息，而是二手车的信息。越来越多的人想知道二手车的流通量（登记的车数）是不是和新车的数量差不多，或者其他有关二手车的信息，但另一方面，当时并没有媒体把这些信息汇集在一起提供给读者。

买新车的时候只要决定好车的种类和规格，无论在哪个经销商那里都能用差不多的价钱买到同一款车。与此相对的，二手车哪怕是同一种类型的车，它的价值也会随着年限、行驶里程、颜色以及前车主的使用状况的不同而产生变化。价格也各不相同。不同的人心目中二手车的价格和价值是千差万别的。

我估计能进行二手车比较研究的"Recruit 型"信息杂

志会在这样的市场环境下发挥作用,还能借此征集广告原稿,于是便创刊了名为《Car Sensor》的杂志。这本杂志的内容是对车(car)进行探测(sense),我就用这两个单词来给杂志命名。

在做《Car Sensor》的策划案的时候,我需要把对于"信息杂志"的一系列分析结果整合在方案里给公司内部看。我以"信息杂志的未来"为题,对"信息杂志有着怎样的社会性功能"进行了明确的阐述。

不管这些信息是有关住宅的还是汽车的,将这些各自分散的信息集中于一处,从使用者的角度来进行整合,然后正确而又合时宜地展示给他们,这具有很大的价值。因此这个项目可以为 Recruit 公司带来收益,对这一点我进行了系统性说明。实际上包括创始人江副浩正先生在内的所有人都没有考虑到这一点,因此这个方案引起了巨大的反响。

我也是在这一段时间与《信息选择的时代》【理查德·沃尔曼(Richard Wurman)著,日本实业出版社(绝版)】

相遇的。

TED Conference（科技娱乐设计会议）创始人理查德·沃尔曼先生将信息定义为"有助于理解的东西"。作为信息的发出者，Recruit 要如何把信息变成客户能够理解的形式呢？我在这样考虑的时候，遇到了这本书的译者——编集工学研究所的松冈正刚先生。松冈正刚先生对我说了这样一句话。

"所有的要素都在 20 世纪出现完了，21 世纪不过是那些要素组合在一起的产物罢了。"

是那些能够从各种要素中选出正确答案，有着优秀的信息处理能力的人，带动了 20 世纪后半段的日本社会的发展。但是，既然所有的要素都已经出现完了，今后的时代就是要考验我们如何把这些已经存在的要素结合在一起并使它们产生价值。也就是说，今后会变成由那些有着杰出的信息综合能力的人才来领导社会的时代。

《CarSensor》的创刊以及和松岗先生的相遇使我深刻地认识到这件事。

阅读是一种工具：独处的最好方式便是阅读

书的作者，都有着一些非同寻常的经历。他们进行了深入的研究，长时间研究一个课题，然后成了那个领域的专家。这些专家绞尽脑汁写出来的书，是用于接收他们的大脑信号的移动终端。

而且书可以随身携带，随时随地都能进行阅读。不用担心书本会像手机一样电量耗尽，看书的速度也可以由读者自由决定。我们既可以粗略地阅读，又可以一边仔细思考一边读书，还可以在走来走去的时候阅读。

读者脑中本来存在的信息和刚刚获得的作者的大脑碎片所包含的信息互相混合，脑中的信息会被重新整合一遍。

也就是说，作者的世界观和读者的世界观之间会发生化学反应，进而诞生出全新的世界观。这就是为什么读书可以丰富对世界的看法，交到新的伙伴。

书籍现在也可以被称作"移动终端"，实际上它五百年前就已经是这个样子了。

人的眼睛长在前面，人的手可以在前方自由活动。拥有这种身体构造的人类看书的最好方法应该是一只手拿书，一只手翻页吧。虽然书本包含不同的语言，上面的字可能是横着写也可能是竖着写的，有的书是往左翻，有的书要往右翻，但是这种一手持书一手翻页的看书方法依旧是最合理的。

电子书越来越高级了，可以在上面标注，看不懂的词还能立马用词典来查。但是到现在纸质书还没有消失就说明，作为一个吸收作者大脑碎片的道具，纸质书的规格是足够高的。

亚马逊公司旗下的电子书阅读器"Kindle"的前开发

负责人贾森·默克斯基（Jason Merkoski）在他的著作《书是不死的》（讲谈社）中是这样阐述的：

"书的用途不只是遮脸或是垫椅子和桌子。首先，书的价格、制造成本和信息传达效率相互之间都非常平衡。哪怕和同一重量级的其他信息工具（诸如小型的笔记本电脑和平板电脑）进行比较，书籍的价格和制造成本之低也是十分出众的。"

像书籍这样高级而又具有合理性的"移动终端"，一般只要1000到3000日元就能将它收入囊中。

你想象一下蕴含了丰富知识的200页左右的书，只要花1500日元就能买到，是不是觉得这样的投资效率非常高呢？

其次，因为书是有实体的，当读完书之后，我们会非常有成就感。

尤其是纸质书，我们经常会把书签或者是书脊上黏着的细绳（书签绳）夹在两页纸中间，看到书签就能得到一种"我读到这里了"的成就感。或者你在读完五六本书之后就把它们堆在书桌一隅，看到堆起来的书也会有一种成就感。

当然了，如果是页数多的书，要想读完则需要一定的耐心。比方说像盐野七生的《罗马人的故事》（新潮社）这样的长篇系列，虽然是挺有趣的，但是如果想通读一遍则需要做好充分的心理准备。

但正因如此才能培养我们的耐心。有关读书所需要的耐心，我感觉比起电子书，纸质书读起来更需要耐心。

以前我曾在法国住过一段时间。那时候我感觉到，法国人深受绝对孤独的人生观的影响。

"人从出生到死为止，都没办法和他人完全地相互理解。"

我认为这是 21 世纪成熟型社会中共通的基本认识。

因此，重要的不是二十四小时都在网上跟人保持联系，而是要断开网络"一人独处"。因为这能锻炼你忍受孤独的能力。

我一般都是在工作场合之外的地方读书,那里没有电脑,没有智能手机也没有其他移动设备,读书的时候我完全就是一人独处的状态。

书非常适合一人独处的时候看,只要静静地待着就行。反过来说,书最好是一边忍受孤独一边看,从中产生的成就感是驱使我们看下一本书的原动力。

培养信息综合能力,孩童时代的阅读"游戏"是关键

刚刚我提到了为了提高信息综合能力所必需的五种能力和一种技能,也写到为了培养这些能力读书起到了多大的作用。但是我先告诉大家,光读书也是没办法提高信息综合能力的。

我认为要想让信息综合能力变成自己的东西,"意想不到的邂逅"是很重要的。而"玩游戏"就能让我们每天

都有"意想不到的邂逅"。对于"游戏"的定义，我在自己的作品中与松冈正刚先生进行过对话，如果借用他的观点来讲，就是——

"游戏中存在'规则''分工''道具'，每个游戏参与者都可以进行主客调换，也就是说，我们与他人是可以互相调换位置的。"

——《信息综合力》（筑摩书房）

松冈先生说，玩游戏的时候一定会发生一些意料之外的事情。哪怕是在游戏开始前就盘算好的事情，一旦规则、分工、道具之中的某一个条件与我们的预想出现了偏差，就会有完全不一样的展开。其实所有条件都会有不确定性要素。

比如，分成两个队伍进行的捉迷藏，好不容易和特别喜欢的女孩子分在了同一个队伍，我们高兴得不得了，但谁知中途孩子王也加入进来，发动强权，结果心仪的女孩子被抓到了敌队里，这种事情也时而发生。

或者我们来假设，你想要给妈妈一个惊喜，在家里把积木堆得高高的。你想要在妈妈购物回来之后立马向她炫耀："我造了一棵东京天空树哟。"于是你十分激动地堆着积木。在你小心翼翼地把积木一块一块往上搭的时候，还很小的弟弟午觉醒来，像怪兽一样把你好不容易堆起来的积木塔给推倒了，这个完全有可能发生吧？

当发生了这样的预想之外的事情时，你会如何应对？

为了夺回心仪的女孩子，你要和伙伴齐心协力排好队形；接着让几个人紧追孩子王，然后趁着他们不备把女孩子给夺回来。

第二种情况发生时，你要批评把积木推倒的弟弟，让他反省，然后给他其他好玩的玩具，并把他关在别的房间，或者可以让弟弟帮忙，你们共同挑战堆更高的天空树。

在那个场合、时间点，以我们自己可以操纵的棋子在条件有限的情况下使出上上策，这就是玩游戏的乐趣所在。

反过来说，如果游戏都照着自己的想法进行的话，那它就不再是游戏了。在瞬息万变的情况下，考验自我调整能力，这正是游戏的乐趣所在。

小时候我住的公务员住宅附近有一个公园。那里有沙滩、单杠和秋千，还有一个绝对说不上是宽阔的小广场。

我们这一代的男孩子们，总是很想打棒球，但是因为公园太小没能好好打过。为此我们想出一个名为"三角垒（省略二垒，把本垒、一垒和三垒连成一个三角形的）"的简略化棒球打法。

不仅如此，当时我们还没有一个像样的垒包，于是我们就把比较显眼的树或石头当成垒包。只有球会有人负责带，有时候甚至连球棒都没有。这种时候我们就会去附近的施工现场拿碎木棍来代替棒球棒。

打棒球的时候，在道具方面我们有很多不足。为了寻找替代品，我们的想象力就要接受考验。

因此，我们的信息综合能力的基础是由小时候玩过这种"过家家游戏"的次数的多少来决定的。

游戏多样而复杂，灵活多变。游戏中的很多东西没玩过是不会了解的,在玩游戏的时候我们必须常常做出调整,否则就无法享受游戏的快乐。总是想着要得出唯一正解的人是没法好好玩游戏的。

正因如此,游戏才成了成熟型社会所必需的信息综合能力的基础。对于那些有孩子的读者,我先明说:"孩子想象力的基础是由十岁之前玩游戏时的尽兴程度决定的。"

阅读是一种工具:读书给孩子听,可以加深亲子间的羁绊

在孩子幼儿期的时候,读书给孩子听的必要性可以从教育或是脑科学等各方面进行阐述。而我就个人经验而言,这样做是非常有意义的。

我现在依旧记得,母亲为了哄我睡觉时给我读儿童文学全集里的《小王子》的故事。从进幼儿园之前到小学二

年级为止，母亲一直都在读书给我听，可能因为我是独生子吧。

详细的情节我已经不记得了，但多亏了这个，我成了与小学生、初中生和高中生一起读书的人——这样美妙的故事也没真实发生过。倒不如说，我现在只记得母亲读书给我听的时候的声音而已。

但是，读书会对幼儿期的小孩子产生一定的影响是毫无疑问的。尤其是对于幼儿期到小学三年级之间的孩子来说，没有比读书给他听更好的道德教育方法了。

我之所以说读书会对孩子"产生影响"，在于通过书本，母亲和孩子彼此之间加深了交流和羁绊。从这个观点来看，读书给孩子听是有重大意义的。

事实上，哪怕偶尔父亲更早回家代替母亲读书给我听，我也不会感到高兴。我认为那是因为父亲和母亲说话时所产生的音波不同。因为已经睡着了，所以我内心自然而然地想要听到平时已经听惯了的声音。

像这样把声音铭记在心的过程，同时也是人格的形成过程之一，在看书的爸爸们如果感到不甘心，就只好多花一些时间读书给孩子听。

成年人要如何磨炼信息综合能力

那么那些已经对"过家家游戏"没有兴趣的成人要怎么做才好呢？当然了，哪怕成了大人，也有锻炼信息综合能力的方法。其一，旅行。

但不能是那种全权交由旅行社负责的观光旅行。旅行时的日程安排、住宿、交通等所有事项都必须由自己一手包办，否则就没有意义。

刚开始时，如果由自己来"策划"旅行，我们会面临包括遭遇危险情况在内的所有问题。当面对这些非预定调和的问题时，我们要故意将自己逼上绝路。

通过自己的能力处理问题，应该可以代替游戏让你获得与其同等级的体验。

我在学生时代去欧洲旅行过，用打工赚来的钱在大学二年级的时候进行了一次为期47天的旅行。这也是我第一次坐飞机。虽说是和朋友的二人旅行，大部分的行程都是由我安排，我们借助欧铁通票在欧洲绕了一圈。

在旅行的最后一周，发生了一件意料之外的事。

我们在罗马遭遇了铁路工人罢工事件，本来要用于转移的卧铺车停在站台不动。因为罢工车不开了，所以这辆卧铺车空无一人。

当天我和朋友筋疲力尽，已经不想动了，于是我们打算在这辆停着的卧铺车内过夜。因为好不容易有这样的机会想要睡得奢侈一点，于是我们一人睡一个房间。那辆车里除了我们之外还有一对来自美国的情侣。

因为很累了，我们很快就陷入了熟睡，然而第二天早上睁开眼睛一看，昨天还在的两个包都被偷了。当然了，放在包里的护照和旅行支票也没了。

从开始旅行到那天为止，我都把护照和旅行支票放在母亲做的拉绳袋里，小心谨慎地把袋子塞进围腰布里，片刻不离身。但唯独那天，我想着要在卧铺车里好好睡上一觉，就把它重新装进了包里，没想到竟招来如此恶果。我真是太疏忽大意了。

在隔壁包房睡着的朋友的包也被偷了，唯独带在身上的护照还在。至于那对美国情侣，听说连牛仔裤都被剪开，装在里面的钱也被偷走了。如果我们四人都睡在一个包房内的话，应该什么事都不会发生了吧，但现在说这个也没用了。

我们马上去日本大使馆让他们重新给我发一张护照。

我把包被偷的事情告诉大使馆工作人员之后，他这样对我们说道："幸亏啊，你们要是醒着的话，说不定已经被杀了呢。"

那时我们还什么都不知道，不知道当时的罗马是一个非常危险的城市,在很可能发生杀人事件的中央车站睡觉，几乎等同于自杀。

身在异乡为异客的我们束手无策,自暴自弃地和警察、大使馆、旅行社的工作人员以及连英语都听不懂的酒店员工进行了有关住宿和回国航班的交涉。过后我想起来，这件事其实对我的成长也起到了帮助作用。

但是如果丢了性命那就得不偿失了，在保证自己安全的同时，通过体验由未知和某种程度上的极限状况所造成的"意料不到的邂逅"，可以磨炼我们随机应变的能力。因为当人类面对危险的时候，会对脑中的一切知识和经验进行整合，试图想出最妥善的解决方法。

关于极限状况的体验，我还在 Media Factory 出版社的时候，评论家西部迈先生跟我说了这样一句有意思的话：

"男人要想变得理智起来，要么就得生一场大病挺过鬼门关，或者待在牢房里进行哲学沉思，要么就得上战场。"

西部先生想说的是，人们要想脱胎换骨，就得遭受与之相应的强烈震撼。

如果只是工作辛苦了一点或是参加了"地狱修行（管理者基础养成课程）"的程度的话，人们的价值观是不会发生急剧变化的，估计过了半天就会恢复原状。

另一方面，死亡是人类作为一个生物所面临的终极的极限状况。据说在了解那些被告知身患癌症的人的经验谈的时候，通过对"死"的近距离感知，我们可以看到一个完全不同的社会。恐怖当然是很恐怖，但如果能幸运地挺过鬼门关的话，我想应该可以在脑内形成和以前完全不同的知识体系吧。

孩子就玩游戏，大人就去旅行，然后要直面极限状况，再加上读书，通过这样的经历就可以让信息综合能力得到强化。

阅读是一种工具：迅速和你想认识的人熟络

打算与写过书的人做什么事情的时候（普通的采访和研讨会也算），我们一般都会向对方表示自己读过他的书吧。

但是，如果只是这样做的话，有一定的风险会被对方无视，谈话也没有进展，随后也许还听见对方说"那么改日再见"。

如果是我的话，首先会把对方写过的书都读一遍。但是也有人写的书太多了，对于这种情况，虽然有点不太好但是要装作自己全都看过。

比如我第一次见到重松清先生的时候，我借了二十多本他的书，读了其中的十本左右，然后把其中印象深刻的名言给背下来。我会在谈话期间若无其事地说出来，比如问他"您书里是不是有这句话啊"后复述给他听。

因为不仅仅是说"我读过您的书，非常有趣"，所以一般这样可以给予对方很深的印象。

像重松清先生这样的小说家会把自己脑中经过苦思冥想所编织而成的思想假托于小说的主人公等登场人物，借他们的口说出来。面对熟读了自己作品的人，作者应该会感觉到对方共享了自己的大脑的一部分。所以很愿意和这些人一起做某事的可能性也会变高。当我站在作者的立场上时也确实会这样想。

在学校我们可能没有学到见面礼仪，日本人在初次见面的时候是非常大意的。这样，哪怕想要把初次见面时留下的负面印象通过第二次和第三次见面来彻底抹除，也几乎是不可能的。你最好想着，只要初次见面没有抓住对方的心，就没有下次机会了。

我就是这样把书本作为"让自己和对方产生联系"的道具来使用的。

现在很多人利用脸书和推特来确认彼此的联系是否存在。但是，让人与人之间产生联系的道具越是智能，人就会越来越不想，也不擅长与他人产生联系。

注意到这一点很关键。

对于有着和别人产生联系的能力的人来说，说实话，道具是多余的。因为越是依赖于名片、脸书和推特，人就越不会在意初次见面的时候会留给对方怎样的真实的印象。

第六章

让讨厌阅读的人也能养成阅读习惯的方法

智者阅读群书,亦阅历人生。

——林语堂

首先，要认识到阅读的方式是各种各样的

要想进一步磨炼自己的深度思考能力，就要认识到读书并不只是为了学习道德。日本的语文课经常给我们一种"好书＝给予我们一些人生教训的书"的观念，现在我们有必要抛开这样的观念。

日本的语文课有变成道德课的倾向，应该有不少人跟我想的一样吧。因为语文课上，学生们总是要读特定的权威人士指定的专题读物，然后写出所谓"正确的感想"。

另一方面，在其他先进国家，通常如果说到语文课，就是指批判性思维的养成课程。因此，语文课的中心是进行讨论。

说到语文课，我有过这样的经历。在我上高中的时候，同年级有一个从美国回来的海归子女。据说他渐渐无法接受这种由教师进行单方面授课的日本语文课，然后他直接跟老师说："请让我来上课。"

现在回想起来，我感觉那位快退休的语文老师真是大胆啊，居然真让他上了一堂课。

他上的那堂语文课，是让学生们读欧内斯特·海明威（Ernest Hemingway）的短篇名作《乞力马扎罗的雪》，然后安排班级全体学生进行讨论。课堂上交织着各种各样的意见，十分有趣，对此，包括我在内的全体同学都无比兴奋。

日本的语文课如果不能从教条式地把正确答案强加给学生的单方面的"道德教育"中脱离出来的话，是无法培养学生的复眼思考能力的。读书不只是读那些别人让你读的书，得出所谓的"正解"，而应是通过各种各样的方式来阅读的。阅读时，我们会感叹："还能这样想啊。"在这样宽容地接受书本内容的同时一边质问自己"如果是我的话会怎么想呢"，一边继续读下去。

通过各种意见的激烈碰撞，大脑的神经突触会变得活跃。这样多次重复之后，我们不仅会有自己的独特观点，还能渐渐理解他人的不同观点吧。

我到底是怎样选择书的

我每年读120~200本书。

33岁,我开始认真看书,到59岁的26年间我读过的书超过了3000本,因此只要我想的话速读也很轻松,但我并没有这样做。我看书基本上都看得非常仔细。

但这3000多本书我并非每本都从头到尾细细品味过。其中的三成以上我是有认真读的,但也有一半以上只是大致地看一遍而已;还有两成左右的书是在看了50多页之后感觉完全没什么意思就没有继续读下去。这部分的书是我没有挑对,读了50多页我感觉也差不多了。

我看书的时候基本上是不会先看书的目录,以把握整本书的脉络的。一般我都是从序或前言开始看起,然后直接往下看进入正文部分。

我并非想让大家都像我这样阅读。因为阅读方法因人而异、多种多样,我只是把我的读书方法作为一个事实记录在这里而已。

至于应该选什么样的书来读,大致上可以分为六种模式。

第一种选书模式是**作家模式**,在图书馆借某个作家的书,五本也好,十本也好,总之就是有多少就借多少来看。这时候就完全不在乎这些书到底有没有意思,评价如何,决定要看"这个作家"的书之后,我们就把它们放在桌子上,一本一本拿来读。

第二种选书模式是**兴趣模式**,如果你看到了感兴趣的封面和书名,就从中挑五本左右一起买下来。这时基本上我们不会买和感兴趣的书的内容相似的书,反倒会特地挑选种类不同的五本书。

第三种选书模式是**出版社模式**,不知道是不是因为以前给杂志写过一段时间的书评,直到现在都还有各种各样的出版社给我送来新刊。对于这些书,首先要不挑不拣地大致浏览一遍。因为这些书也不是我们本人挑选过的,所以有时我们或许会看了五十页就不看了。有时则恰恰相反,还能碰到一些预想不到的好书。

第四种选书模式是**媒体推荐模式**,先看媒体的书评,然后再挑感兴趣的书来看。

第五种选书模式是**榜单模式**,我有些犹豫要不要把第五种选书模式提出来,但亚马逊的书籍推荐功能在我心中正逐渐成为不可忽视的存在。我自己也非常清楚我完全陷入了亚马逊的营销策略之中,但就是控制不住这只手。而且亚马逊的书籍推荐功能让我看到平时自己不会看的书,非常有趣。

第六种选书模式是**口碑模式**,尝试去阅读在和自己尊敬的人的对话之中出现过的书籍。然后,如果可以的话最好尽快把书本看完,马上用邮件把看书的感想发给那个人。这不仅表示了对对方的尊重,而且我感觉养成这种习惯,对把读书当成一种习惯也有一定帮助。

畅销书能畅销自有它的理由

虽然我三十岁之后养成了看书的习惯,但我并不是很想读畅销书。

因为这本书明明不是由我"发现"的,却已经非常畅销了,令我感到有失颜面。我无法原谅追赶潮流,跟风读书的自己。因此当初我基本没有买过在书店收银台横放着的"畅销书"。

四十岁之后,读书成了我日常生活的一部分,三十岁时的要强和好面子心理也没有了。我可以很自然而然地阅读那些畅销书。

比如像是《如果高中棒球的女经理读过杜拉克的管理学的话》(岩崎夏海著/钻石社)这样的畅销小说,我想三十多岁的自己是不会去看的吧。或者像乡裕美所著的《Daddy》(幻冬舍)这样的特别具有话题性的书的出版摆明了就是出版社的战略,那个时候的我应该也是很讨厌这样的书的。

但当读书成了我日常生活的一部分之后,之前的想法都烟消云散了。我反倒觉得如果读了和别人说话时被提及的书后可以让彼此有更多的共同话题,就慢慢能接受这些书了。

所以现在我觉得看畅销书未必就是一件坏事。先不管它有怎样的内容,话题性如何,说到底它之所以能在畅销书榜单里名列前茅,是有一定原因的。总之看书的契机是什么都无所谓,只要不在意别人的目光就好。

不过,哪怕是销量超过100万本的畅销书,也未必就会被我们的大脑所接受。

其实在读养老孟司先生的总销量超过200万本的《傻瓜的围墙》(新潮社)的时候,我不太清楚这本书有趣在哪里。倒是读2014年出版的《"自己"的围墙》的时候,养老孟司先生的大脑碎片自然而然地就进入我的大脑里了。

根据读书的时期和自身所处的环境的不同,对书本的理解方式也会有所不同。因为我们的意识是在不断变化的,时代背景也不会只停留在某一个节点上,第一次读的时候不太能读懂的书,也能随着时间流逝变得能够理解。

读书的时机因人而异。因此我们应该抛开成见随性阅读各种书籍。

"明明是畅销书排名前十的书却一点儿也不有趣",我认为像这样的读书经历对自我了解十分重要。

过去风靡一时的浅田彰先生的著作《结构与力量》也很难理解,现在畅销书中由岸见一郎和古贺史健先生共同撰写的《被讨厌的勇气》(钻石社)也绝非容易理解的书。这本书的后半部分内容变得渐渐丰富起来,我没法跳着读。也有不少人虽然被书的标题和话题所吸引,但看了前面的几十页就把书丢在一边。

即便如此,我认为,当我们手里拿着顺应时代潮流的畅销书,思考它为什么现在能如此畅销的时候,就能够读取现代潮流中的"意识碎片"。

有百分百遇到好书的方法吗

虽然写了这一小节,但非常惭愧地从结论上说,我认为和好书相遇的窍门是不存在的。

再者说了,什么样的书才称得上"好书"呢?我们不是连何谓好书都无法定义吗?像松冈正刚先生那样的"知识巨人"眼里的好书,和我眼里的好书应该也有所不同。生活在日本3·11地震受灾区的初中生眼里的好书应该也会不同。

人们常说要想遇到好书,就应该读评价统一的"好书"来磨炼自己的感知。但是也不存在某人认为是好书的书就更好,某人认为是好书的书就更差的这样的事情。每个人对书的感受各不相同。

那么,要如何磨炼对书的感受呢?有没有什么提高我们鉴定书籍眼光的方法呢?读了3000多本书的我能说的是,"不管书的种类如何,总之就是多看为好"。

结论没什么大不了的,就是以看书的数量来决胜负。

以我的经验而言,哪怕读了这么多书,其中能够改变我价值观的书籍并不多。读到好书的概率是很低的。

在这些好书之中,马尔科姆·格拉德威尔(Malcolm Gladwell)的《异类:不一样的成功启示录》这本书毫无疑问,现在已经成了构成我脑回路的一部分,也让我对个性和能力的思考方式焕然一新。

我之前一直误认为个性和能力都是与生俱来的。以前我一直想着要"挖掘""磨炼"这些生来具备的个性和能力。

但是,马尔科姆·格拉德威尔先生则否定了这一点。他说孩子的才能是根据自身所处的环境和地区来决定的,每个人的能力的差距并不是天生就有的。

让我们以花样滑冰选手作为例子来想想看。

在仙台地区长大的羽生结弦选手,如果在别的地方出生了,究竟会不会成为现在的羽生结弦呢?浅田真央选手是在名古屋地区长大的,但假设她生活在九州的话,还会和现在一样作为花样滑冰选手崭露头角吗?

如果我们的思维再跳跃一步，如果把浅田真央选手放在完全不一样的环境中的话……假设她出生在俄罗斯，说不定会成为像伊莲娜·伊辛巴耶娃（Yelena Isinbayeva）这样的撑竿跳高运动员。

我认为很多人觉得个性和能力本来就被 DNA 决定了，是人生来就有的，所以自己怎么做也无法改变。一般日本人想象中的育儿，要么就是发现孩子的才能将其引导出来，要么就是让孩子的才能渐渐泯灭。

但其实并不是这样的，无论是谁都会根据所处的环境和地区的不同来决定自己能够获得怎样的能力，像这样的思考方式我比较能够接受。

理所当然，你的读书量越大，和好书接触的机会也就越多。因为我没有计算过让自己感到"这本书好！"的书的数量，所以不能说得很确定，我遇到过的好书大概有 300 来本吧。

单从数字来看，"300"可能显得挺多，但这可是读了 3000 本才有的 300 本啊。也就是说我看过的书中，有九成是没能引起我的兴趣的。

　　不过我并不觉得自己亏了什么。因为想要避开无用的书，高效地选择好书，根本就是异想天开。

　　如果你想结合他人的知识获得新的观点，看一些自己不太了解的领域或是作者的书籍是很有用的。面对自己陌生的书籍，没人会在意看书的效率。我们也可能完全挑错书，到时候乐观地接受它吧。正因为承担了挑错书的风险，我们才能获得回报。

　　因为这个结论很重要，所以我再说一遍。

　　我推荐那些真的想要得到对自己来说很重要的书的人进行习惯性的"乱读（广泛阅读）"。这样有可能形成自己从未有过的思考方法，还可能因为读书和陌生的人相遇。在读书之前对于这一类的化学反应我们可能知之甚少。

　　有的人期待着读书可以立即帮助到自己，但我觉得这是不对的。

　　一本袖珍书的价格在500日元左右，新出版的书大概在700到900日元之间，单行本的价格在1300到2000日元之间。哪怕买来的书九成是不喜欢的，在价格上我们还是承受得了的。

没选到好书的概率虽然很高，但我认为与好书的偶遇才能让故事变得更加有趣。这和我们与陌生人相遇是一个道理。

我们是绝对无法提前设计人生中的奇妙偶遇的，和书的偶遇也是如此，还是靠数量取胜吧。

只有先看到了书本的外观，才会想读这本书

关于"选书"，我就任立和田中学校长的时候对图书馆进行改造的这一段小插曲说不定可供参考。

就任不久之后，我到访了图书馆，就是那种在全国公立学校里经常出现的"有霉味的图书室"。每天只有五六个人在午休时间来图书馆，这"五六个人"其实也就是图

书委员。

图书馆的藏书大概有9000本,其中的大部分都被封藏了起来,孩子们想要读的书极为匮乏。于是我就邀请了前文提到的此领域的第一人,儿童文学评论家赤木干子作为此次项目的总监,着手改造。

其中最重要的一点就是,我们丢弃了5000本书。

图书馆里的9000本书中,有5000本是不需要的。如果想要让图书馆拥有吸引学生的魅力的话,首先就必须丢弃不需要的书。

在丢书的时候,我们把该丢的书分成两种。

第一种是那些"怎么看都是垃圾"的书,其代表就是那些数十年前他人赠送的百科全书。

立和田中学的图书馆中陈列着许多35年前发行的百科全书。但是,这些百科全书上所记载的地名和史实与现在的事实有些不同。我们不能把有误的百科全书继续放在学校里。于是这些书不由分说地就被当作垃圾大量丢弃了。

另一种是"不知道是否有价值"的书。有的书我们无法判断价值，其代表就是艺术书。对于那些并未接受过艺术的专门教育的人来说，是该丢掉，还是留着呢？他们无法仅靠自己的主观意识来判断。所以我们找了愿意在网上拍卖会帮我们卖书的有关从业者帮忙。现在的话，我们还能让像"BookOff"这样的大型二手连锁书店直接来我们学校买书呢。这样一来，有价值的书就会被知道其价值之人买到自己手里。原本被封藏在图书馆的书也能得到有效利用。

在图书馆改造之际，我意识到如果图书馆里还有多余的书，孩子们就更不会去读书了。对此也有人批判道："说不定有人对它感兴趣呢？哪怕这些书是多余的，把它们留着也能增加孩子们阅读的可能性不是吗？"乍一看这个言论可能还蛮正确的，但我不这么认为。如果说得极端一点，比起在图书馆里放 100 本多余的书，还不如以读起来更方便的形式放 3 本孩子们想看的书。

通过对不需要的书进行大量处理，图书馆里大概还剩下 3000 本书。虽然看起来可能有些冷清，但是图书馆的书架变得空荡荡之后，实际上可以给我们带来很大的好处。

这样做之后,可以让每本书都能够"露面"。所谓"露面",指的是可以让人看到书的封面。如果书架上没有足够的空间的话，书就只能露出它的书脊。书脊上只写着书名和作者。这样看书的人就很难知道书的外观以及主要内容。但如果能看到书的封面，那这些东西就会一目了然。因为书的封面会向孩子们说："快看我！快看我！"

比如自然科学类书籍、世界地图和冒险类书籍、《13岁的HelloWork》以及和职业相关书籍，抑或是哆啦A梦用漫画来教你算数的书籍，当我们知道了这是一本怎样的书以及主要内容是什么之后，就会产生读书的念头。

至于为什么看到了书本的封面就会让读书的意欲高涨呢？我想各位只要想象一下书店的柜台就能够理解了。一本书的封面越是好看，我们就越想拿起来读读看不是吗？

所以，如果想让小孩子养成读书的习惯，最好把家里的书架也弄成这样。为此就需要和我们学校一样，做出决断，把那些不需要的书都给丢了。

在立和田中学图书馆的改造过程中，我们将丢书之后空出来的书架充分活用，还在图书馆靠里的地方铺了一层地毯，然后用隔板把这块地方隔离出来。这里是不会被大人们注意到的"死角"，学生们可以躺在地毯上看书，还能在这里看1000多本漫画。

"我认为在图书馆设立这样一个'死角'有些不妥。"

有的老师对我提出了这样的意见，对此，我是这样向他说明的。

"这个'死角'是没问题的。至少在放学时间，让孩子们脱离老师的监视是很重要的。对于孩子们来说，有的东西他们要在老师看不见的地方才想看呀。但与之相对的，我会让附近的爱读书的阿姨陪着他们的。"

结果，来图书馆看书的人变成了以前的10倍以上。

在阅读成为习惯之前,强制方法也是必要的

关于和书成为朋友的方法,在我当校长的经历中,还有一些能拿来参考的。

立和田中学在我担任校长之前,就已经设定"晨读"时间。每天早上全体学生都要读10分钟的书。

小学五六年级到高中的这一段时间,是孩子们一边面对自己,一边慢慢建立自己世界观的阶段。尤其是刚刚萌发了自我意识的大多数中学生,都会进入叛逆期。具体表现就是渐渐不再老老实实地相信父母,对大人持嘲讽的态度,想要反抗社会,等等。还有的孩子误以为装作坏人的样子会很酷(坦白说我以前也是这样)。

"这既是他们作为小孩的结束,也是他们作为大人的开始。"我虽然是这样说,但这个时期的孩子产生叛逆心理是非常正常的,而且对他们来说这也是一个重要的成长过程。

就连从小学起把在学校发生的事情逐一汇报给母亲的孩子也会不再跟母亲汇报，而是要对母亲保密。严重一点的还会满嘴脏话，骂母亲"你这家伙""臭老太婆"；对父亲则是"烦人""恶心"，然后刻意避开父亲。

所以当孩子进入了叛逆期之后，父母是相当不好过的。但孩子只有经历了这样的时期，才会慢慢地形成自我意识。

到小学六年级还兴高采烈地拿着图画书看的孩子进入叛逆期后，突然说自己不想读书也很正常。他们尤其对大人推荐读的书会表示抗拒，也就是像学校指定要读的图书或是被称作名著的书，我认为这是极为正常的事。再加上孩子们忙于社团活动、补习班以及和朋友们出去玩，这一时期他们读书的时间也会减少。他们的时间还会被"LINE"和其他一些社交软件以及电视和游戏夺走。

哪怕想在家里强制他们读书，也只会让他们的反抗心理更加强烈吧。所以由学校来提供让孩子读书的方法是很重要的。"晨读"就是方法之一，最好选取孩子们比较喜欢的书。

在立和田中学的实践中，那些并不是很喜欢读书的孩子以及完全没有读书习惯的孩子似乎不再为读书而感到那么痛苦了。多亏学校设计这一"强制手段"，诱导孩子们进行阅读，让他们消除了对读书的抵抗感，其中还有一些孩子以此为契机养成了读书的习惯。

我认为要想让孩子们养成读书的习惯，半强制也是很重要的。

在我出任立和田中学校长的期间，一有时间我就会完全敞开校长室的大门，然后开始读书。一般情况下校长室就在教师办公室的旁边，有事要去办公室的学生都会经过校长室，那时候如果我在读书，学生就能看见。我就是故意要让学生们看到大人读书的样子。

不仅如此，我还对住在附近的爱读书的妈妈们提了这样的请求。

"如果有时间的话，可以来我们学校的图书馆读书吗？不需要像图书室管理员那样做这做那的。您只需要坐着，看自己想看的书就可以了。我希望能让孩子们看到您读书的样子。"

教育，就是"传染"和感染。爱读书的人，读书的时候表情真的是非常丰富的。哪怕在很安静地看书，也会向周围释放出一股气场。如果孩子们也感受到了这股气场，应该或多或少能受到影响。说不定能在那些受到影响的孩子之中培养出几个喜欢读书的孩子。

人们常说专家和作家的孩子更容易成为喜欢读书的人，但那并不是因为那些人的家里有很多书，而是因为他们从小就一直看着父母读书的身影。

对小孩而言最好的教材一直都是大人学习的姿态。

我觉得做以下的事情可以帮助到那些想要养成读书习惯的大人。

利用每天早晨上班的时间读书，10分钟就够了，如果电车上有个稍微令人注意的女性正在读袖珍书，你可以学着她的样子一起读读看，看你喜欢的书就行了。

放假的时候，可以骑自行车去有人气的提供咖啡的图书馆。眼前都是一边喝着咖啡一边看着书的人，置身于这样的环境下，试着感受一下从他们身上散发出来的气场。

单靠这些，就会被传染爱书癖。

单单看书是远远不够的

在最后我想告诉各位的是，只是一个劲读书，把书中的知识输入大脑，可能还是没办法养成读书的习惯。

不以知识的输出为前提的输入，在中途我们就会变得懈怠，比其他的任何事情都容易令人厌烦。最后很容易变成你自以为是在读书，实际上不过是眼睛在无意识地盯着文字看而已。

这不仅仅发生在小孩身上，大人也是一样。没有出口（目的或目标）的阅读行为很容易让人失去读书的意义。因此，要想养成长久的读书习惯，就不能单单停留在看书上。

那么，要怎样做才能找到阅读的目的呢？

作为知识输出的手段之一，立和田中学在第三学期一定会把总结了学生晨读感想的"读书报"当成教学内容在语文课上进行讲解。

把B4纸当作报纸，然后把诸如"假设你今年读的所有书里，有三本是可以推荐给别人看的，那么是哪三本呢？""这本书的魅力在哪里？"这些问题的答案告诉同学。

之所以定成"三本"，在于不管孩子读书再怎么慢，一年都可以读完三本书。全校学生都能够制作读书报，也多亏了语文老师恳切细心的指导。老师们会把每个年级的学生的读书报装订，再发给全校学生。

过了三年之后学校就会让学生把这三年的读书报的集成作品制作出来。作品中既可以包含自己认为排名前十的好书，也可以只写前三的，具体如何编写都由学生自主决定。像这样让学生把自己在初一、初二、初三的各个学年看过的书整理起来，同时也能让他们锻炼自己的信息收集能力。

三年来的学生生活和与书本有关的回忆被浓墨重彩地结合在一起,最后总结出的内容足以被称作"人生报纸"或是"中学生活报"。在立和田中学,我们就是用这个来替代毕业作文集的。

在某一年我突然萌生了把读书报编辑成书的想法,于是我就让年轻的语文老师负责,把初一到初三的学生的读书报内容编辑成一本名叫《立和田中学学生的选择:中学生的读书向导》的书。多亏了委托编辑公司和印刷公司的帮助,降低了不少成本。

我们把这些书发给了以学生为首的众多校方人士,与此同时,还拜托了一些当地的书店卖我们的书。主要是在学生体验职场的时候也会去的比较熟悉的书店里卖。

这一次尝试还与后来我获得文部科学大臣奖有些联系。

为什么知识的输出是重要的呢?是因为只有这样才能让你在读书后产生"能够把书本的内容和自己的想法结合在一起"的成功体验。

比如你读了一本书,哪怕在脑海中浮现出了某种感情,也许这个感情刚开始也只不过是个感想罢了，但"自己的观点"可以在反复地说和写的过程中渐渐进化为更加坚固的东西。当它作为印刷物被反馈给自己的时候，就可以给予我们更加深刻的感受。

观点如果不多听几遍，就没办法了解到其中的道理。反过来说，观点写得越多，其中的逻辑整合性就越是深刻。把自己的想法写出来，说给别人听，然后再写出来，再给别人听……就这样多次重复之后，自己的想法终将结晶成为"观点"。

这是我自己在任立和田中学校长的这五年间所亲身体验到的事实。因为我是东京的义务教育阶段首个出任校长的普通百姓，受到的来自电视、广播、报纸、杂志的采访（如果把其他的一些通过邮件的简单提问也包括在内的话），少说也有1000多次了。

我的回答内容有的是来自读过的书本里的知识，有的是通过各种经验的积累所得出的见解。在回答采访问题的时候通过对同一主题进行阐述，我渐渐地确立了"自己的观点"。然后我自己再写一些草稿，回顾那些被写成新闻报道的采访内容后，"观点"的逻辑性变得更强了。我知道像这样重复之后，我能够进一步地把在学校的所见所闻作为自己的东西理解和接纳。

但是，虽说知识的输出很重要，但对一般人来说，写报纸或是接受采访的机会应该没那么多吧。所以我们只需要把看书时触动心弦的句子记录下来；把看书的感想说给别人听；或是在博客、推特或者脸书上把自己推荐的书介绍给别人就好了。

只要能做出符合自身的"瓦版印刷品"就好了。但是，要用自己的话来做。借此，你应该也能在读书中感受到更多的乐趣，变得更加喜欢读书。

后 记

我知道如果我把这个写出来了，大概有二分之一的坐电车的人会讨厌我。虽然感到非常抱歉，但我还是不得不写出来。

当我坐上电车，一定会看到这样的光景。

坐在我面前（另一侧）七个人的时间消磨方法都各不相同。男性中玩手机游戏的比较多，女性则是用手机了解时尚类的信息，或是进行网上购物。在电车上打瞌睡的人虽然也很多，但还是有人读书的。如果你是某个有前景的公司的人事部长，要对这七个人进行面试，然后只能决定让其中的一人进入公司的话，你会采用哪种类型的人呢？

我想，大多数公司的人事部长首先会淘汰以下类型的人吧。

第一种类型：一天二十四小时都在玩手机游戏的"网游中毒者"。

第二种类型：一直在意有没有人用邮件或是LINE给自己发消息，看起来很焦虑的人。

之所以马上淘汰他们，在于人事部长判断他们很难集中注意力在工作上。

另一方面，在面试时人事部长应该会优先录取那些想象力丰富的人吧。

第一种类型：能够活用手机，有主动进行调查的"自主学习"的习惯的人。

第二种类型：虽然现在还在打瞌睡但会呆呆地看着车内周刊杂志的悬挂广告，时不时仔细观察车内外发生的事情，想着"如果发生了这件事接下来就是这样吧"，发挥自己想象力的人。

这两种类型的人基本上还会对面试官提出合适的问题。

可能本人并无察觉，那些老是玩手机，长时间盯着小小的屏幕看的人，总让人感觉他们有些焦虑不安。他们的眼睛也微微上挑，总是给人一种在对什么感到生气的印象。

后记

实际上我也见到不少对着手机屏幕咂舌的人了。

读书的人就不会有像那样令人感觉不舒服的表情。

如果你觉得我说的不是真的,我希望你下次可以去观察看看。如果直勾勾地盯着别人看的话,我们的男性同胞可能会被当成可疑人物,所以观察的时候最好还是若无其事地看几眼。

人们的表情会根据面对的事物的不同而发生变化。

婴儿从母亲那里学习表情的变化,如对她的笑容进行模仿,这就是镜像效应。因此,看电视长大的孩子会变得缺乏面部表情的丰富性。

动物也是如此,哪怕是狗的表情也会变化。如果被人训斥之后狗就会变得沮丧,还有时候它的表情看起来像是在微笑。我经常看见常年和狗狗共同生活的老年人和他的狗一起散步的光景,我注意到他们的表情非常相似。

常年生活在一起的夫妇的脸不也越来越相似吗?

人类与人类,人类与动物,人类与书本、电视、手机。

无论对方是谁,无论是母亲脸上的表情,还是手机画面和玻璃屏幕……都被镜像效应所影响着。

更进一步来说,虽然分子、原子、粒子都是彼此独立的个体,但因为它们之间的互相交错,所以它们能够进行活跃的交流,说在微观世界中生活的"邻居"会慢慢混合在一起也不为过。

所以,和哪种媒体接触得更久、如何和媒体接触、那个媒体的接口有着怎样的装饰和外表都会确确实实地对表情的变化产生影响。

在此,我们回到最初的问题上吧。

如果你是人事部长,你会录用在电车上读书的人,还是一直盯着手机屏幕看的人呢?

在书店站着读到这个"后记"的你,以及在家中悠闲地看完了正文再看"后记"的你,还有在满员的电车内的狭窄空间拼命读书的你一定也是一位读书家吧。

现在你手上所拿着的是一本询问何谓读书意义的书。所以,如果你是一个人事部长,那你一定会做出和我一样的选择。

后　记

如果是我，就会优先雇用在电车内读书的人。

因为，抛开手机，养成了读书的习惯，并不单纯是生活习惯的排除或增加，这是一种生活方式的选择。

并且，读书的人会和这本书所写的一样，通过把作者的大脑碎片接入自己的大脑中使大脑得到扩张，进而丰富自己的世界观。

最重要的是这一股力量对培养丰富的想象力能起到一定作用。

无论是在最先进的IT公司，还是在电视和电影这样的媒体界，想象力丰富的人，都是那些热爱读书的人。

图书在版编目（CIP）数据

如何有效阅读 /（日）藤原和博著；钟小源译.
— 北京：北京联合出版公司，2019.5（2025.1重印）
ISBN 978-7-5596-3055-1

Ⅰ.①如… Ⅱ.①藤…②钟… Ⅲ.①读书方法
Ⅳ.①G792

中国版本图书馆CIP数据核字（2019）第055520号

著作权合同登记号 图字：01-2019-2007

"Honwo yomuhitodakega tenisurumono" by Kazuhiro Fujihara
Copyright © Kazuhiro Fujihara 2015
All Rights Reserved.
Original Japanese edition published by Nippon Jitsugyo Publishing Co., Ltd.
This Simplified Chinese Language Edition is published by arrangement with Nippon Jitsugyo Publishing Co., Ltd. through East West Culture & Media Co., Ltd., Tokyo

如何有效阅读

作　　者：〔日〕藤原和博
译　　者：钟小源
总 发 行：北京时代华语国际传媒股份有限公司
责任编辑：李　伟
封面设计：仙　境
版式设计：姜　楠
责任校对：许　罡

北京联合出版公司出版
（北京市西城区德外大街83号楼9层 100088）
唐山富达印务有限公司印刷　新华书店经销
字数89千字　　880毫米×1230毫米　1/32　　6.5印张
2019年5月第1版　2025年1月第15次印刷
ISBN：978-7-5596-3055-1
定价：39.80元

版权所有，侵权必究
未经书面许可，不得以任何方式转载、复制、翻印本书部分或全部内容。
本书若有质量问题，请与本公司图书销售中心联系调换。电话：010-63783806